ARKANA

W0088140

MICHAEL ROSCHER

Die Skorpion Persönlichkeit

Charakter, Schicksal und Chancen.
Mit Mondpositionen
und Aszendentenbestimmung

ARKANA

GOLDMANN

Umwelthinweis:
Alle bedruckten Materialien dieses Taschenbuches
sind chlorfrei und umweltschonend.

Originalausgabe Januar 1999
© 1999 Wilhelm Goldmann Verlag, München
in der Verlagsgruppe Random House GmbH
Umschlaggestaltung: Design Team München
Umschlagabbildung: AKG, Berlin
Verlagsnummer 21511
Realisation und Gesamtbetreuung:
Christine Proske, Ariadne Buchkonzeption, München
Redaktion: Ralf Lay
Grafik: D.T.P. Factory, Susanne Bertenbreiter, München
Herstellung: H+G Lidl, München
Satz: Fotosatz Völkl, Puchheim
Druck: Elsnerdruck, Berlin
Made in Germany
ISBN 3-442-21511-0
www.goldmann-verlag.de
2. Auflage

Inhalt

ANHANG

Vorwort

Bücher zu den »Stern«- oder Tierkreiszeichen gibt es scheinbar wie Sand am Meer. Welchen Sinn macht es da, erneut darüber zu schreiben; ist nicht alles schon Dutzende Male geschrieben worden, was es zu diesem Thema mitzuteilen gibt? Ich glaube, nicht. Denn wer sich ein wenig näher mit dem Thema Astrologie beschäftigt hat, kann zwei sehr unterschiedliche Bereiche ausmachen: Astrologie als Unterhaltung und Zeitvertreib, wie wir sie zum Beispiel auf Zuckerstückchenpapier und auf der Horoskopseite nahezu jeder Illustrierten finden, und die ernsthafte Astrologie, deren Studium viele Jahre beansprucht. Auch wenn die Astrologie einmal die Königin der Wissenschaften war, die an jeder renommierten Universität gelehrt wurde, so wird sie doch heute von den meisten mit der Unterhaltungsastrologie verwechselt; und nur die wenigsten wissen, wie umfangreich, komplex und faszinierend die »richtige« Astrologie ist.

Diese Buchreihe versucht einen dritten Weg zu gehen, indem die ernsthafte und die Unterhaltungsastrologie zusammengeführt werden. Das, was sich mit den Methoden anspruchsvoller Astrologie über die Tierkreiszeichen sagen läßt, habe ich in diesen Bändchen darzustellen versucht. Gerade weil auch die Mondzeichen und die Bedeutungen der Geburtstage mit einbezogen wurden, konnten Aussagen gemacht werden, die sicherlich um einiges genauer und zutreffender sind, als dies in einem »normalen« Buch über Tierkreiszeichen möglich wäre. Gleichzeitig sollte jedoch auch der unterhaltende Aspekt nicht zu kurz kommen, schließlich lähmt kaum etwas mehr das Interesse und die Neugier als trockener Lesestoff. Das Ziel war eine Lektüre, die seriöses astrologisches Wissen über uns selbst, über unsere Stärken und Schwächen vermittelt. Das Lesen sollte Spaß machen, und die Aussagen sollten so treffend sein, wie es in diesem Rahmen eben möglich ist. Wer auf den Geschmack kommt und noch mehr über sich und sein Horoskop erfahren möchte, findet zu diesem Thema Tips und Hinweise am Ende des Buches.

Ich möchte mich an dieser Stelle bei meiner Lebensgefährtin, der Astrologin und Buchautorin Brigitte Hamann, bedanken, die einen wesentlichen Anteil am Zustandekommen dieser Reihe hatte. Sie hat die Illustrationen und Zitate ausgesucht sowie die Märchen ausgewählt, bearbeitet und kommentiert, und einige Abschnitte entstammen – in leicht überarbeiteter Form – ihrem Buch *Die zwölf Archetypen.*

Michael Roscher,
im Herbst 1998

Kontaktadresse des Autors:

Michael Roscher
Schule für Transpersonale Astrologie ®
Postfach 31 02 01
D-90202 Nürnberg

Einleitung:
Wie die Gestirne unser
Schicksal beeinflussen

Die Astrologie ist trotz aller Anfeindungen ein
fester Bestandteil unserer Kultur, unseres Füh-
lens und Denkens geblieben. Das Interesse an
diesem seit Jahrtausenden genährten Wis-
sensschatz nimmt sogar immer mehr zu. Es
hofft zum Beispiel jeder, »unter einem guten
Stern geboren zu sein«, unabhängig davon, ob
wir an Astrologie glauben oder nicht. Und so
wird das Geburtsdatum eines Menschen nach
wie vor mit dem Sternsymbol ✱ dargestellt.

Die sieben Wochentage und ihre Namen werden von den sieben »klassischen« Planeten unseres Sonnensystems abgeleitet: der Sonntag
von der Sonne, der Montag vom Mond, der *Wochentage*
Dienstag vom germanischen Kriegsgott Tiu
(Týr), der dem Mars entspricht. Der Mittwoch
heißt im Französischen *Mercredi,* also »Mer-
kurtag«. Der Donnerstag (im Englischen *Thurs-
day*) geht auf den germanischen Gott Thor
zurück, der wiederum mit Jupiter vergleichbar
ist. Der Freitag leitet sich von der Göttin Frey-
ja ab, der germanischen Entsprechung der
Venus. Der Samstag, mit dem die Woche voll-
endet wird, ist dem Saturn zugeordnet.

Das Wort »Desaster« (Unglück) kommt vom
italienischen *disastro,* was »Unstern« bedeutet. Jemand, der einen starken Mars hat, wirkt
auf andere martialisch, das heißt »kriegerisch,
bedrohlich«; im Englischen nennt man die
Kampfkünste *martial arts.* Unsere Stimmun-

Die Planetensymbole

Sonne	Mond	Merkur	Venus	Mars
☉	☽	☿	♀	♂

Jupiter	Saturn	Uranus	Neptun	Pluto
♃	♄	♅	♆	♇

---

gen werden durch den Mond beeinflußt, was sich sprachlich in dem Wort »Laune« (lateinisch *luna* = »Mond«) widerspiegelt. Und wie der Mond sein Aussehen beständig verändert, so wechseln auch unsere Gefühle.

Es ließen sich noch viele Beispiele aufführen, doch soll dies hier genügen, um zu zeigen, wie sehr uns die Astrologie in Fleisch und Blut übergegangen ist, ohne daß uns dies normalerweise bewußt wird.

Charakter-anlagen und Schicksal Daß sich über die Planetenstände bei der Geburt Charakteranlagen, Schicksal und Chancen ermitteln lassen, ist längst bewiesen, auch wenn die Gegner der Astrologie dies nicht wahrhaben wollen.

Früher meinte man, von den Gestirnen gingen Strahlungen aus, die uns im Augenblick der Geburt lebenslang prägen. Manche Forscher versuchen immer noch, die Stimmigkeit der Astrologie auf diese Weise zu erklären. Der Ansatz ist sicherlich nicht völlig falsch. Allein der Mond verursacht mit seiner Anziehungskraft Ebbe und Flut und hat, wie man inzwischen weiß, auch einen deutlichen Einfluß auf das Wetter. Wenn der Mond die Weltmeere zu bewegen vermag, dann ist es auch einleuchtend, daß er den Menschen beeinflußt, dessen

Der chaldäische Stern

Samstag

Montag

Donnerstag

Mittwoch

Dienstag

Freitag

Sonntag

Die Darstellung der sieben klassischen Planeten als Tagesregenten kreisförmig in einem siebeneckigen Stern wird »chaldäischer Stern« genannt. Beginnt man beim Mond entgegen dem Uhrzeigersinn zu zählen, ergibt sich die Reihenfolge: *Mond, Merkur, Venus, Sonne, Mars, Jupiter, Saturn.* Dies gibt die Umlaufgeschwindigkeit der Himmelskörper um die Erde wieder. Der Mond bewegt sich, von der Erde aus gesehen, am schnellsten, der Saturn am langsamsten. Folgt man hingegen den Pfeilen des Sterns, entsteht die Reihenfolge: *Mond, Mars, Merkur, Jupiter, Venus, Saturn, Sonne,* was unseren Wochentagen entspricht.

Körper ja auch zum größten Teil aus Wasser besteht.

Die Astrologie funktioniert jedoch auch sicher bei der Ermittlung günstiger Daten für

Firmengründungen, Vertragsunterzeichnungen, Eheschließungen und dergleichen mehr. Hier fragt man sich dann in der Tat verwundert, wer oder was dabei durch irgendwelche Strahlen beeinflußt wird ... Nicht nur aus diesem Grund ist es besser, sich die Wirkungsweise der Astrologie wie die einer genau gehenden Uhr vorzustellen: Wir können an ihr problemlos die richtige Zeit ablesen, ohne daß jemand glauben würde, unsere Uhr beeinflusse die Zeit. Auf die gleiche Weise können wir in den Stellungen der Planeten Analogien unserer Charakteranlagen, unseres Schicksals und unserer Entwicklungsmöglichkeiten erkennen, ohne daran glauben zu müssen, daß die Planeten unser Schicksal *bestimmen* – sie *zeigen* es nur an. Dieser an sich völlig einfache Gedankengang wird selbst von führenden Wissenschaftlern offensichtlich nicht verstanden, so sie sich überhaupt die Mühe machen, der Astrologie Aufmerksamkeit zu widmen.

Ähnlich verhält es sich mit zahlreichen gläubigen Menschen, die fälschlicherweise annehmen, die Astrologie wäre eine »Ersatzreligion«, die uns ein unausweichliches Schicksal predige und an die Stelle des Gottesglaubens den an die Sterne setze. Nichts könnte falscher sein; denn ein vernünftiger Mensch wird die Psychologie nicht verdächtigen, Religion sein zu wollen, und Astrologie ist nichts anderes als das in Jahrtausenden gereifte psychologische Wissen der Menschheit – ein Erkenntnisprozeß, der begann, lange bevor es das Wort »Psychologie« überhaupt gab.

Keine
Ersatz-
religion

Einer der Grundlehrsätze der Astrologie lautet: »Der Weise beherrscht die Sterne.« Das heißt, die Astrologie strebt nicht an, dem Menschen ein angeblich unausweichliches Schicksal aufzudrängen, sondern sie will und kann echte Lebenshilfe sein, indem sie uns lehrt, uns selbst und unsere Mitmenschen besser zu verstehen. *Echte Lebenshilfe*

Wenn wir beginnen, unser eigenes Wesen besser zu begreifen, werden natürlich auch Schwächen und der eine oder andere weniger erfreuliche Wesenszug sichtbar. Dies ist jedoch kein Grund, sich zu ärgern oder gar zu verzagen, sondern vielmehr die große Chance, das Beste aus unseren Möglichkeiten zu machen, die Schwierigkeiten, die wir mit uns und unseren Mitmenschen haben, zu meistern sowie dadurch zu wachsen.

Die Richtigkeit dieser Annahme wird uns indirekt auch bestätigt, wenn wir uns manche Menschen anschauen, die in ihrem Horoskop die umgekehrten Voraussetzungen aufweisen – sie sind besonders begabt, in ihrem Leben bieten sich außergewöhnliche Möglichkeiten, und sie machen dennoch nichts daraus. Das beste Horoskop nützt also wenig, wenn wir nicht unsere Fähigkeiten erkennen und uns um ihre Entwicklung bemühen: Die Welt ist voll von begnadeten musikalischen Talenten, die niemals die Ausdauer aufbrachten, ein Instrument richtig spielen zu lernen. Ein Künstler mit eher mäßiger Begabung und dem Willen, seine Möglichkeiten voll auszuschöpfen, kann dagegen bereits Außergewöhnliches erreichen, und der Erfolg ist schier unaufhaltbar, wenn die konsequente Entwicklung unserer Fähigkeiten mit einer besonderen Begabung zusammentreffen. *Wille zur Entwicklung*

Dieses Buch möchte Sie dabei unterstützen, sich selbst und Ihre Mitmenschen besser zu verstehen. Wenn wir Verständnis füreinander in Handeln umsetzen, ist es nahezu unvermeidlich, daß wir erfolgreicher und effektiver werden, vor allem aber, daß wir ein zufriedeneres und erfüllteres Leben führen.

Die Tierkreiszeichen und das Horoskop

In der Umgangssprache hat sich der Begriff »Sternzeichen« eingebürgert, wenn eigentlich von Tierkreiszeichen die Rede ist. Es gibt die Sternbilder am Himmel und die Tierkreiszeichen; irgendwann einmal entstand der etwas unglückliche Begriff von den »Sternzeichen«. *»Stern-*

Die Sternbilder, die sich auf der Sonnen- *zeichen«* bahn befinden und den gleichen Namen wie die Tierkreiszeichen tragen, haben mit letzteren jedoch überhaupt nichts zu tun. Ihre Position verändert sich jedes Jahr ein wenig, und so kommt es, daß die Sonne am 21. März (oder einem beliebigen anderen Datum) an einer völlig anderen Stelle aufgeht, als dies etwa vor 2000 Jahren der Fall war.

Diese Namensgleichheit hatte unglückliche Folgen, werden Sternbilder und Tierkreiszeichen doch heute noch von vielen miteinander verwechselt oder gar gleichgesetzt. Das führt sogar so weit, daß vor allem Astronomen, die gern gegen die Astrologie wettern, behaupten, die Astrologen würden ihre Horoskope falsch berechnen. Diese ständige Verwechslung zeigt unter anderem, wie wenig sich die Gegner der Astrologie mit dem Thema überhaupt beschäftigt haben.

Die meisten Menschen wissen, ob sie ein Stier, ein Krebs oder ein Fisch sind, jeder kennt sein »Sternzeichen«. Wie diese Zuordnung zustande kommt, wissen dagegen nur wenige; dabei ist es einfach, die Grundlagen der Astrologie zu verstehen: Die Erde beschreibt im Laufe eines Jahres einen (näherungsweisen) Kreis um die Sonne. Von der Erde aus gesehen, ist diese auch »Ekliptik« genannte Umlaufbahn jedoch der Weg, den die Sonne innerhalb des Jahres scheinbar am Himmel zurücklegt; das heißt, die Sonne steht nach zirka 365 Tagen wieder an dem Himmelspunkt, von dem aus sie »ihre« Wanderung begann. Unterteilt man die Ekliptik in zwölf gleich große Abschnitte, ergibt sich die Aufgliederung des Tierkreises (Zodiakus) in zwölf Zeichen. Unser »Sternzeichen« ist nun nichts anderes als das Tierkreiszeichen, in dem die Sonne zum Zeitpunkt unserer Geburt stand. Wer beispielsweise ein Löwe ist, bei dem befand sich die Sonne im Zeichen des Löwen (120 bis 150 Grad im Tierkreis), als er zur Welt kam. Allerdings beginnt das astrologische Jahr nicht am 1. Januar, sondern am 21. März, exakt am Frühlingsanfang. Das astrologische Jahr ist übrigens mit dem astronomischen identisch.

Stand der Sonne

Astrologisches Jahr

Der Tierkreis beginnt mit dem Zeichen Widder, deshalb ist jeder, der zwischen dem 20./21. März und dem 19. bis 21. April geboren wurde, Widder. Auf den Widder folgt der Stier, daher dürfen sich alle, die zwischen dem 19. bis

---

Die Symbole der Tierkreiszeichen

Widder	Stier	Zwillinge	Krebs	Löwe	Jungfrau
♈	♉	♊	♋	♌	♍

Waage	Skorpion	Schütze	Steinbock	Wassermann	Fische
♎	♏	♐	♑	♒	♓

Sternbilder und Tierkreiszeichen

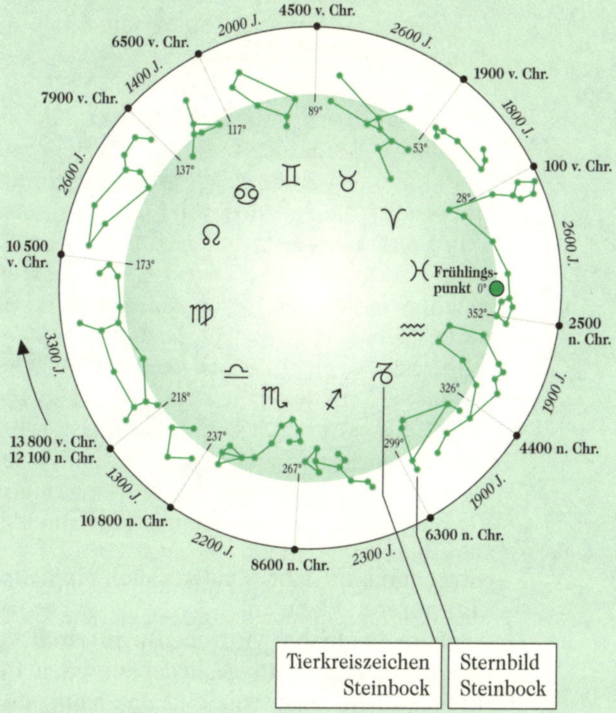

Im Außenkreis sind die *Sternbilder* dargestellt, im Innenkreis die *Tierkreiszeichen*. Außer der Namensgleichheit haben beide nichts miteinander zu tun.

21. April und dem 20. bis 22. Mai geboren wurden, »Stier« nennen – und so fort. Von der Erde aus gesehen, umkreist die Sonne aber nicht

Das geozentrische Weltbild

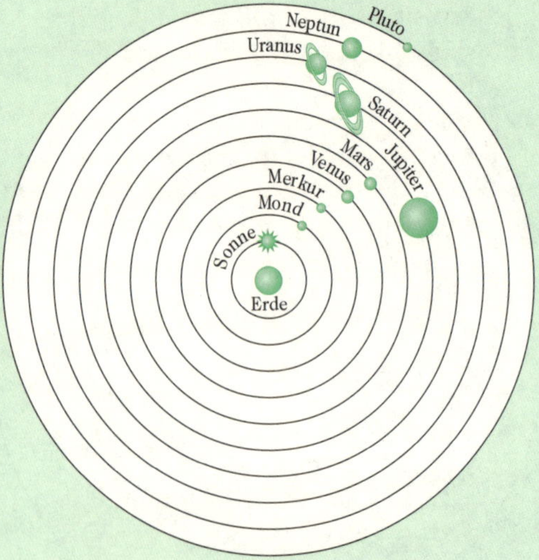

Neptun
Pluto
Uranus
Saturn
Mars
Venus
Jupiter
Merkur
Mond
Sonne
Erde

nur einmal im Jahr, sondern auch einmal pro Tag unseren Planeten.

Diese Laufbahn wird ebenso in zwölf verschiedene Abschnitte gegliedert und den Tierkreiszeichen zugeordnet. Man kann diese Vorgänge mit einer Uhr vergleichen. Die eine Umdrehung entspräche dann dem Minuten-, die andere dem Stundenzeiger.

Horoskop- erstellung Will man nun ein Horoskop erstellen, trägt man zunächst das Sonnen-Symbol an der Stelle im Horoskopformular ein, an der das Tierkreiszeichen steht, unter dem man geboren ist, zum Beispiel Waage (siehe Abbildung »Die Sonne in der Waage«).

Für ein Horoskop werden jedoch noch die übrigen Planeten unseres Sonnensystems gebraucht, zu denen in der Astrologie auch der Mond ☽ gehört (siehe die Abbildung »Beispiel für ein Horoskop mit allen Planeten« auf der nächsten Seite).

Ebenso wie jeder von uns ein Sonnenzeichen hat, besitzt er auch ein Mondzeichen. Dieses ist für die Deutung der Persönlichkeit mindestens genauso wichtig wie das Zeichen

Mondzeichen

Die Sonne in der Waage

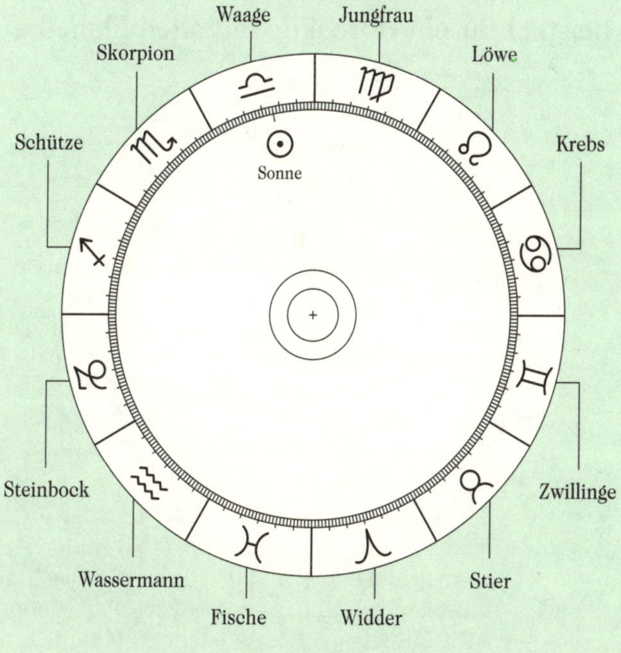

	Waage	Jungfrau
Skorpion		Löwe
Schütze	☉ Sonne	Krebs
Steinbock		Zwillinge
Wassermann		Stier
	Fische Widder	

der Sonne. Die Sonnenzeichen sind wahrscheinlich nur deshalb bekannter, weil sie sich ganz leicht über das Geburtsdatum feststellen lassen.

Das ist beim Mond nicht so einfach. Denn hier benötigen wir neben dem Geburtstag *Geburts-* noch die Zuordnung zum Geburtsjahr. Da wir *jahr* für Ihre Charakter- und Schicksalsanalyse jedoch auch das Mondzeichen verwenden wollen, finden Sie im Anhang eine Tabelle, mit der Sie leicht die Zeichenstellung des Mondes zum Zeitpunkt Ihrer Geburt bestimmen können.

Beispiel für ein Horoskop mit allen Planeten

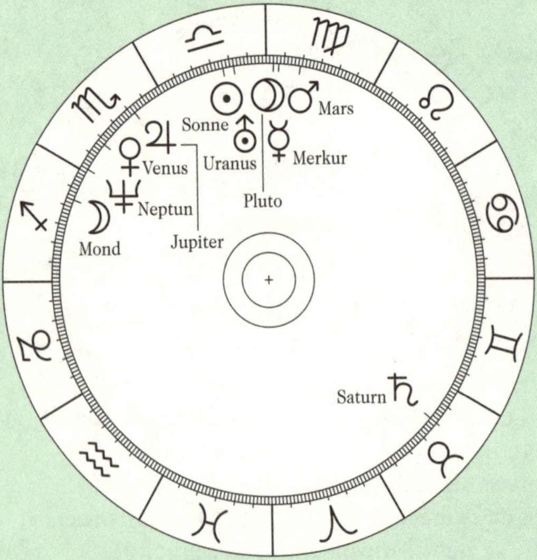

Sonne
Mars
Venus
Uranus
Merkur
Neptun
Pluto
Mond
Jupiter
Saturn

Die Häuser im Horoskop

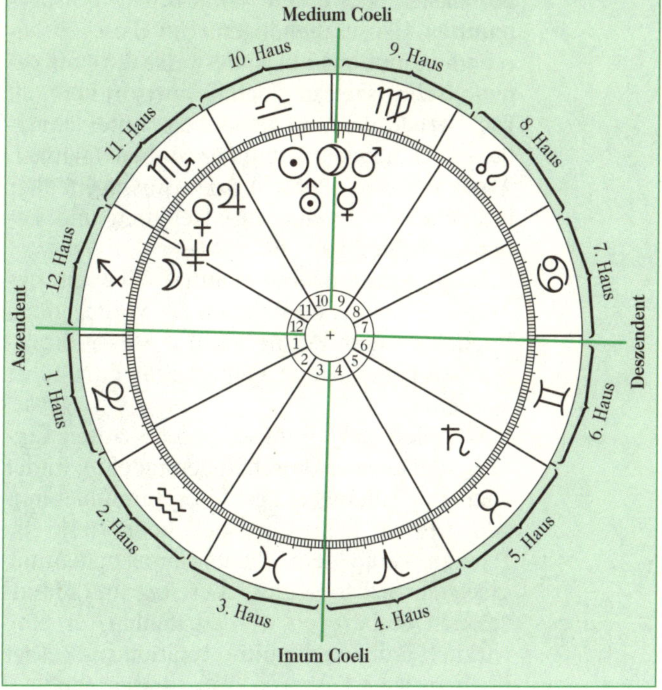
Medium Coeli
10. Haus
9. Haus
11. Haus
8. Haus
12. Haus
7. Haus
Aszendent
Deszendent
1. Haus
6. Haus
2. Haus
5. Haus
3. Haus
4. Haus
Imum Coeli
1
2
3
4
5
6
7
8
9
10
11
12

Aszendent

Eine ausschlaggebende Rolle innerhalb des Horoskops spielt der Aszendent. Dieser wird durch das Tierkreiszeichen bestimmt, das im Augenblick der Geburt über den Osthorizont tritt (lateinisch *ascendere* = »aufsteigen«). Dazu müssen Sie wissen, an welchem Ort und zu welcher Zeit Sie geboren sind. Eine Tabelle und eine genaue Anweisung zur Berechnung Ihres Aszendenten finden Sie im Anhang dieses Buches.

Für ein vollständiges Horoskop müßten allerdings noch mehrere andere wichtige Faktoren berücksichtigt werden. Wir würden die sogenannten Häuser benötigen. Um diese zu berechnen, muß man beispielsweise die ganz genaue Geburtszeit und den Geburtsort kennen. Die Verhältnisse, in denen die unterschiedlichen Planeten zueinander stehen (Winkel, Aspekte), lassen erst präzise Aussagen über individuelle Charaktereigenschaften und Lebensumstände zu.

Diese und andere wichtige Themen der Astrologie sollen im Rahmen des vorliegenden Buches, in dem es speziell um ein Tierkreiszeichen geht, jedoch nicht weiter ausgeführt werden.

Wer sich mit all diesen interessanten Einzelheiten genauer beschäftigen möchte, findet dazu im Anhang einige Literaturempfehlungen. Ebenso kann ein Buch über Tierkreiszeichen keine persönliche Horoskopdeutung ersetzen. Selbst wenn Geburtstag und Mond- *Individuelle* zeichen einbezogen werden, fehlen für eine *Inter-* wirklich individuelle Interpretation wie gesagt *pretation* noch zu viele Faktoren. Wer es aber ganz genau wissen möchte und ein exakt auf sich berechnetes und gedeutetes Horoskop wünscht, kann bei uns hierzu kostenlos und unverbindlich weiteres Informationsmaterial anfordern. Die Adresse finden Sie ebenfalls am Ende dieses Buches.

Doch lassen Sie uns nun erkunden, was einen »typischen Skorpion« ausmacht. Beginnen wir damit, uns einmal anzuschauen, welch unterschiedlichen prominenten Menschen dieses Tierkreiszeichen gemeinsam ist.

Die Tierkreiskarte Skorpion des Malers Johfra

Bekannte Skorpion-Persönlichkeiten

*Boris
Becker*

Grace Kelly

Albert I., Fürst von Monaco
Boris Becker, Sportler
Albert Camus, Schriftsteller
John Charubel, Astrologe
Charles, englischer Thronfolger
Alain Delon, Schauspieler
Bo Derek, Schauspielerin
Fjodor M. Dostojewski, Schriftsteller
Alfred Fankhauser, Astrologe
Indira Gandhi, Politikerin
Joseph Goebbels, NS-Politiker
Fritz Haarmann, Massenmörder
Julius Hackethal, Mediziner
Paul Hindemith, Komponist
Hussein II., König von Jordanien
Grace Kelly, Schauspielerin und Fürstin
   von Monaco
Loriot alias Vicco von Bülow, Karikaturist,
   Autor, Schauspieler und Regisseur
Martin Luther, Theologe und Reformator
Charles Manson, Mörder
Marie Antoinette, Königin von Frankreich
Robert Musil, Schriftsteller
Pablo Picasso, Maler und Bildhauer
Erwin Rommel, Generalfeldmarschall
Theodore Roosevelt, Politiker
Hermann Rorschach, Psychiater
Elke Sommer, Schauspielerin
Leo Trotzki, Revolutionär und Politiker
Jan Vermeer, Maler
Andy Warhol, Popkünstler und Filme-
   macher

Der Skorpion – Daten und Symbole

23. oder 24. Oktober bis 21., 22. oder 23. November

**Qualität: weiblich, passiv, Yin
Element: Wasser
3. fixes Zeichen
Herrscher: Pluto ☽
Nebenherrscher: Mars ♂**

Der Skorpion ist das achte Tierkreiszeichen. Sein Beginn variiert von Jahr zu Jahr etwas und kann auf den 23. oder 24. Oktober fallen. Jeder, der an einem dieser Tage geboren wurde und nicht weiß, ob er noch Waage oder schon Skorpion ist, kann dies der Tabelle »Von wann bis wann ist man ein Skorpion?« im Anhang entnehmen. Ebenso gibt es Überschneidungen am Ende des Zeitraums. In der Tabelle können Sie auch erkennen, ob Sie noch ein Skorpion oder schon Schütze sind. Im Zweifelsfalle muß die Uhrzeit der Geburt bekannt sein. Diese ist am Standesamt des Geburtsortes niedergelegt und wird auf schriftliche Anfrage in aller Regel problemlos mitgeteilt.

Unterschiedliche Anfangstage

Das Symbol für das Tierkreiszeichen Skorpion ist wie bei der Jungfrau in seinem Ursprung nicht vollständig geklärt. Einige der Experten meinen, daß früher die Zeichen Jungfrau, Waage und Skorpion zu einem einzigen großen Herbststernbild zusammengefügt wurden, das man mit einem »m« darstellte. Für diese Theorie spricht, daß sich heute noch die Symbole der Zeichen Jungfrau und Skorpion sehr ähnlich sehen und von Astrologieanfängern deshalb häufig verwechselt werden.

Zudem scheint jedes der drei »Beinchen« des »m« für eines seiner Zeichen – Jungfrau, Waage, Skorpion – zu stehen. Die Waage, die sich in der Mitte zwischen Jungfrau und Skorpion befindet, wurde noch von Ptolemäus, dem Vater der klassischen Astrologie, als »Scheren des Skorpions« bezeichnet, was ebenfalls darauf hindeutet, daß die Waage aus dem Skorpion entstanden ist.

Die drei Herbstzeichen wurden mit der Yr-Rune in Verbindung gebracht, die der umgekehrten Man-Rune entspricht und als Sterberune gilt, so wie die Man-Rune selbst als Symbol des Lebens gilt. In der Tat ist die Skorpion-Periode eine Zeit des Todes und der Umwandlung in der Natur: Die Bäume verlieren ihre Blätter, und der pflanzliche Wachstumsprozeß kommt zum Stillstand, um nach der Winterruhe im nächsten Jahr zu neuem Leben zu erwachen.

Mit dem Skorpion endet der Wachstumszyklus in der Natur, viele Tiere und der größte Teil der Pflanzenwelt schlafen. So wie der Mensch ungefähr ein Drittel seines Lebens mit Schlaf zubringt, nämlich acht von vier-

undzwanzig Stunden, so ruht in unseren Brei-
ten die Natur ein Drittel des Jahres, nämlich
vier von zwölf Monaten.

Um die Zeichen Jungfrau und Skorpion unterscheiden zu können, wurde dem »m« des
großen Winterzeichens der »Skorpionstachel«
hinzugefügt. Im übrigen ist das Tierkreiszeichen Skorpion neben den Zwillingen das einzige, dessen gleichnamiges Sternbild zum
Namen paßt: Das Sternbild Skorpion sieht diesem Tier tatsächlich ein wenig ähnlich.

Von allen Tierkreiszeichen ist der Skorpion
das geheimnisumwittertste und das am meisten mißverstandene. Man bringt es gern mit
Magic, unnatürlicher Macht, dem Tod und der *Magie, Tod*
Sexualität in Verbindung. Dies sind natürlich *und Sexua-*
alles Reizwörter, die zu den wildesten Speku- *lität*
lationen und nicht zuletzt auch zu irrationalen
Ängsten Anlaß geben. In manchen alten Astrologiebüchern (und auch in einigen neueren)
wird der Skorpion als das mächtigste Tierkreiszeichen überhaupt bezeichnet, ohne daß
uns erklärt wird, was damit eigentlich gemeint
ist. Ich selbst habe schon erlebt, wie Astrologen vor Kursteilnehmern weiche Knie beka-
men, als sie erfuhren, daß diese im Zeichen
des Skorpions geboren waren. So weit kann
also auch heute noch unter aufgeklärten Menschen der Aberglaube gehen.

Gerade durch das Studium alter Quellen er-
fährt man jedoch, daß das Tierkreiszeichen
Skorpion ursprünglich als ein Adler dargestellt
wurde, der sich mit einer Schlange in seinen
Krallen in die Lüfte erhebt. Mythologisch und *Mythologie*
symbolisch ist damit gemeint, daß wir durch
Intelligenz, Scharfblick und Weitsicht (Adler)

über unsere niederen Instinkte (Schlange) hinauswachsen können.

Mars Der klassische Herrscher des Skorpions war Mars, an dessen Stelle jedoch mittlerweile der 1930 entdeckte Pluto gerückt ist – der äußerste bis jetzt bekannte Planet unseres Sonnensystems. Sein Auftritt fiel in etwa zeitgleich zusammen mit dem Aufkommen eines extremen Fanatismus in vielen Ländern. In Deutschland entstand das »Dritte Reich«, in der Sowjetunion führte Stalin ein totalitäres Schreckensregime, und in China wurde die kommunistische Partei gegründet, deren Truppen nach dem Zweiten Weltkrieg das gesamte chinesische Festland eroberten. Pluto und sein Zeichen

Politik Skorpion haben deshalb viel mit Kollektivismus, Totalitarismus, gesellschaftlichen Umwälzungen und Massenbewegungen zu tun.

In der Mythologie gilt Pluto als Gott der Unterwelt, und so ist es mehr als eine passende und zufällige Übereinstimmung, daß die Entdeckung des gleichnamigen Planeten zu einer Zeit erfolgte, als die Ende des 19. Jahrhunderts von Sigmund Freud entwickelte Psychoanalyse bereits auf breite Akzeptanz stieß. Diese Therapie setzte sich erstmals auf wissenschaftlicher Basis intensiv mit unserer persönlichen Unterwelt auseinander – mit dem Unbewußten, dem Verdrängten und der Triebstruktur.

»Typisch Skorpion« – Stärken und Schwächen der Skorpion-Persönlichkeit

Persönliche Stärken in Stichworten

Ausdauernd, beobachtend, effektiv, ehrgeizig, eindringlich, emotional, entschlossen, extrem selbstbeherrscht, feinfühlig, forschend, hart im Nehmen, idealistisch, intensiv, konfrontativ, kontrollierend, leidenschaftlich, mutig, opferbereit, perfektionistisch, sensitiv, sich verausgabend bei starken Regenerationskräften, stark an Menschen und Dinge gebunden, willensstark, stolz, treu, triebhaft, verschwiegen, wandlungsfähig, den Wunsch nach spiritueller Erlösung und Selbstvergessenheit hegend, zäh.

Entschlossenheit

Persönliche Schwächen in Stichworten

Aggressiv, besitzergreifend, bohrend, drastisch, eifersüchtig, eigensinnig, gegensätzlich, idealisierend, intolerant, konflikthaft, kontrollierend, Leiden genießend, machtorientiert, meinungsfixiert, nachtragend, neidisch, perfektionistisch, provokativ, rachsüchtig, sarkastisch, spannungsgeladen, stur, triebhaft, übelnehmend, unduldsam gegen Schwäche bei sich und anderen, vorstellungsbezogen bis hin zur Realitätsferne, wandlungsfähig, zerrissen, zerstörerisch, zur Haßliebe fähig, zwanghaft, zwiespältig, zynisch.

Sturheit

Gefühls-
intensität

Während der Krebs der »Gefühls*seismograph*« des Tierkreises ist, verfügt kein anderes Zeichen über soviel Gefühls*intensität* wie dieses: Der Skorpion gehört zu den Wasser- und nicht etwa, wie viele instinktiv annehmen, zu den Feuerzeichen. Wasser symbolisiert immer unsere Gefühle. Außerdem ist der Skorpion ein sogenanntes fixes Zeichen, was Stabilität versinnbildlicht. Die einzige Form von »stabilem, festem Wasser«, die in der Natur vorkommt, ist das Eis. Egal, was ein typischer Skorpion empfindet, es ist charakterisiert durch Beständigkeit, eine für unsere Emotionen eher ungewöhnliche Eigenschaft.

Die Lauen werden ausgespien

Extreme

In der Tat besitzen Skorpione zwei Formen von Gefühlsintensität: völlige Begeisterung und vollständige Ablehnung. Es muß ein Skorpion gewesen sein, der den Begriff der »kalten Leidenschaft« prägte. Die meisten Skorpione haben eine ausgesprochene Abneigung gegen alles Mittelmäßige. Das betrifft im besonderen ihre Gefühle, das Laue und Halbherzige ist ihnen ein Greuel. Und ihre Gefühle sind ungeheuer beständig. Wenn sie beschlossen haben, jemanden zu mögen, so ist es durchaus möglich, daß sich von ihrer Seite aus ein Leben lang nichts daran ändert. Wer sich ihren Zorn zugezogen hat, sollte sich nicht darauf verlassen, daß sie nach dreißig Jahren ihren Groll vergessen hätten. Skorpione vergessen ihre Gefühle niemals.

Die entwickelten Persönlichkeiten unter ihnen sind zu einer Konsequenz und Zielstrebigkeit fähig, wie sie von keinem anderen Zeichen erreicht wird. Was sie sich vorgenommen haben, führen sie auch aus. Was sie für unumgänglich und notwendig halten, tun sie – ohne Rücksicht

»Das Geheimnis des Erfolgs ist die Treue zu einem Vorsatz.«

(BENJAMIN DISRAELI)

auf sich selbst, aber auch ohne übertriebene Rücksicht gegenüber anderen. Diese Fähigkeit zu unbestechlicher Konsequenz ist es vermutlich auch, die dem Skorpion soviel Respekt eingebracht hat.

Die meisten Skorpione sind freundlich, verbindlich und fair, solange man ihre Gefühle respektiert und nicht versucht, sie zu hintergehen. Fühlen sie sich jedoch einmal verletzt und verraten, sind sie zu einer Härte fähig, die ihnen die wenigsten zugetraut hätten. Als zum Beispiel eine mir bekannte Skorpion-Dame erfuhr, daß ihr Ehemann, mit dem sie immerhin über dreißig Jahre verheiratet war, seit einigen Monaten fremdging, warf sie auf der Stelle seine gesamte Habe aus dem Fenster. Das Gerede der Nachbarn, denen diese Szene ja nicht verborgen bleiben konnte, war ihr in dieser Situation vollständig gleichgültig, obwohl es sie ansonsten anwiderte, der Anlaß von Tratsch zu sein. Es dauerte keine Stunde, und das Haustürschloß war ausgetauscht, so daß dem Ehemann, als er nach Hause kam, nichts anderes übrigblieb, als seine Sachen einzusammeln und vorerst einmal ins Hotel zu ziehen. Seine Frau, die ihren Anwalt auf der Stelle die Scheidung einreichen ließ, wechselte niemals mehr ein Wort mit ihm. Und sein Haus durfte der Exgatte natürlich ebenfalls nicht mehr betreten. Das als Warnung an alle, die meinen,

Härte

mit einem Skorpion könne man ungestraft
Schlitten fahren.

Natürlich gibt es auch den Gegentyp: Die
Neigung, auf Gefühlsentscheidungen zu behar-
ren, und die ungewöhnliche Charakterstärke
Leidens- und Leidensfähigkeit vieler Skorpione läßt
fähigkeit manche auch dann noch an Freundschaften
und Beziehungen festhalten, wenn sich diese
schon längst überlebt und ihre Stimmigkeit
verloren haben. In solchen Fällen sind Selbst-
zerfleischung und Depressionen kaum zu
vermeiden. Es können dann ausgesprochen
schwerwiegende Lebenskrisen auftreten. Doch
glücklicherweise besitzen Pluto-Geborene eine
schon legendäre Regenerationskraft, die sie
auch aus den schlimmsten Krisen gestärkt
hervorgehen läßt. Und den Fehler, sich einer
selbstzerstörerischen Leidenschaft hinzuge-
ben, begehen die meisten von ihnen nur einmal im Leben. In diesem Lichte besehen, wird
deutlich, daß das gelegentlich als kalt und ab-
weisend empfundene Verhalten im Umgang
mit anderen Menschen nicht Herzlosigkeit,
sondern lediglich berechtigten Selbstschutz
darstellt.

Die Analogie vom berühmten Skorpionstich
ist in der Astrologie bis zum Überdruß bemüht
worden, und das auch noch falsch: Weder die
Skorpione in der Fauna noch die menschli-
»Giftstich« chen benutzen den »Giftstich«, um andere
sinnlos anzugreifen, er dient lediglich zur
Selbsterhaltung und zur Verteidigung in höchster Not. Auch die Geschichte, daß sich Skorpione auf diese Weise selbst töten, wenn sie
sich in einer aussichtslosen Situation befinden, ist sowohl in der Natur wie auch im über-

tragenen Sinne in der Astrologie nichts anderes als ein Märchen. Die allermeisten Skorpione sind erstaunlich friedliebende Idealisten,
die niemandem etwas Böses wollen, solange
man sie nicht angreift.

In einer Hinsicht haben sie allerdings tatsächlich gelegentlich Freude daran, ihre Mitmenschen zu »pieksen«: Viele von ihnen sind
ausgezeichnete Beobachter, denen keine Ei- *Gute Beob-*
gentümlichkeit und Schwäche ihrer Mitmen- *achtungs-*
schen entgeht. Mit leisem Spott und sanfter *gabe*
Ironie können sie sich über die Unzulänglichkeiten anderer lustig machen. Dies ist jedoch
nur in den seltensten Fällen böse gemeint, es
ist einfach ihre Art, das Absurde, Engstirnige
und Spießige in der Welt zu verarbeiten. Das
populärste und erfolgreichste Beispiel für den
typischen Skorpion-Humor ist wohl Vicco von
Bülow, besser bekannt unter dem Namen Loriot. Wohl niemand kann so vergnüglich, aber
mit quälender Unerbittlichkeit, mit Scharfsinn und Humor menschliche Eigenschaften
wie Selbstüberschätzung, Lächerlichkeit und
Verbohrtheit karikieren wie er.

Allerdings soll nicht verschwiegen werden,
daß unter diesem Zeichen auch viele der größten Eiferer und Dogmatiker geboren wurden. *Eiferer und*
Ein Skorpion, der glaubt, den Stein der Weisen *Dogmatiker*
gefunden zu haben, kann zum Fanatiker wer-
den, der nichts unversucht läßt, um den Rest
der Menschheit von der Richtigkeit seiner Ansichten zu überzeugen. Wenn ihm die allgemeine Anerkennung versagt bleibt, was bei
dieser Form der Radikalität notwendigerweise
häufig vorkommt, kann er zum verbitterten
Eigenbrötler werden, der sich als Märtyrer der

Wahrheit fühlt. Dies ist jedoch glücklicherweise die seltene Ausnahme.

Auf der anderen Seite muß zugestanden werden, daß neue Ideen meist nur dank einer *Beharr-* solchen Beharrlichkeit die Chance haben, *lichkeit* Aufmerksamkeit zu erregen und sich durchzusetzen. Die unorthodoxen, aber in manchen Punkten sicherlich diskussionswürdigen und richtungweisenden medizinischen Ideen eines Josef Issels oder Julius Hackethal beispielsweise hätten niemals ein größeres Publikum erreicht, wenn diese Skorpion-Geborenen mit ihrem Absolutheitsanspruch nicht wider den Stachel der Schulmedizin gelöckt hätten. Und es war schon ein unbeugsamer Dickschädel wie Martin Luther nötig (der im übrigen auch eine Weile an Astrologie »glaubte«), um der katholischen Kirche die Stirn zu bieten und eine neue christliche Glaubensrichtung ins Leben zu rufen.

Viele Skorpione haben bereits in ihrer Kind-*Klare Vor-* heit und Jugend eine klare Vorstellung davon, *stellungen* was sie vom Leben erwarten und wie sie es zu erreichen gedenken. Das kann ihre Berufswahl, ihren Wohnort oder ihre Vorstellungen von Partnerschaft und Familie betreffen. Unbeirrbar und präzise wie ein Uhrwerk unternehmen sie alle Schritte, die notwendig sind, um ihre Ziele zu erreichen. In der Regel gelingt ihnen dies auch. Es ist kein Wunder, daß Menschen, die sie über einen längeren Zeitraum beobachtet haben, von ihrer Standfestigkeit und Willensstärke tief beeindruckt sind. Dabei verfügen Skorpion-Geborene gar nicht immer und notwendigerweise über einen besonders starken Willen. Ihre Vorlieben und

Abneigungen erfahren einfach nur sehr selten eine grundsätzliche Veränderung. Bei einem Skorpion ist es nicht weiter verwunderlich, wenn er sich zum Beispiel als Jugendlicher und Erwachsener mit der gleichen Begeisterung mit der Konstruktion von Häusern beschäftigt, wie er dies bereits als Kind mit seinen Legosteinen getan hat, und dazu neigen wird, den Beruf des Architekten zu ergreifen.

Skorpione halten nichts von Abwechslung, wenn sie einmal etwas entdeckt haben, das sie immer wieder aufs neue begeistert. Wozu ein neues Gericht probieren, wenn sie doch ganz genau wissen, was ihnen am besten schmeckt? Warum an einem anderen Ort Urlaub machen, wenn man doch längst weiß, wo man sich am angenehmsten fühlt? Mancher könnte Skorpione deshalb für inflexible Gewohnheitstiere halten. Doch das ist nicht wahr. Sie lieben einfach die Effektivität und die Effizienz. Sie wollen nicht grundlos riskieren, die kostbarsten Wochen des Jahres in einem verwanzten Hotel an einem schmutzigen Strand bei schlechtem Wetter und miesem Essen zuzubringen. *Beständigkeit*

Menschen, die unter der Regentschaft Plutos geboren wurden, besitzen fast immer eine ganz außergewöhnliche Vorstellungsgabe. Bei manchen ist diese so ausgeprägt, daß sie nur einige Minuten eine Buchseite betrachten müssen, um diese anschließend aus dem Gedächtnis heraus reproduzieren zu können! *Vorstellungsgabe*

Dieses Talent ist allerdings ein seltsames zweischneidiges Schwert: Auf der einen Seite macht es sie zu außergewöhnlich präzisen Beobachtern, denen kein Detail eines Themas entgeht, auf das sie einmal ihre Aufmerksamkeit gelenkt haben. Andererseits können sie Dinge, die sie nicht interessieren, so vollständig aus ihrem Bewußtsein verdrängen, als ob sie gar nicht existierten. So kann es passieren, daß ihre Mitmenschen in manchen Bereichen ihren außergewöhnlichen Scharfsinn bewundern müssen, während sie in anderen nur ihre Weltfremdheit konstatieren können. In der Psychologie spricht man hier von einer stark ausgeprägten selektiven Wahrnehmung. Die Fähigkeit, unerwünschte Wirklichkeitsbereiche ausblenden zu können, ist natürlich von Vorteil, wenn es um Dinge geht, die sich nun einmal nicht ändern lassen und deren Wahrnehmung nur unangenehm oder lästig wäre. So wird es sicherlich eher ein Vorteil als ein Nachteil sein, wenn man die Fähigkeit besitzt, den Dauerlärm der Baustelle vor dem eigenen Haus einfach zu »überhören«, während andere durch den Krach vielleicht zu einem hysterischen Nervenbündel werden. Andererseits ist das »Übersehen« eines Autos beim Überqueren einer Straße natürlich ausgesprochen ungesund.

> »Wenn du als einziges Werkzeug einen Hammer hast, sieht jedes Problem wie ein Nagel aus.«
>
> (ABRAHAM MASLOW)

Beziehung zum Körper 　 Skorpione haben eine ungewöhnliche Beziehung zu ihrem Körper: Entweder betrachten sie ihn als Tempel, für den nur das Beste gut genug ist und den es zu hegen und zu pflegen gilt, oder sie degradieren ihn zu einer Maschine, der sie, solange sie funktioniert, kaum Aufmerksamkeit schenken. Ähnlich ist ihr Verhältnis zu materiellem Wohlstand und

Geld. Auch wenn sie besser als die meisten anderen Menschen mit sehr wenig zurechtkommen können, so halten sie ein Minimum an
Luxus in der Regel für die unabdingbare Vor- *Luxus*
aussetzung für eine lebenswerte Existenz. Er-
staunlicherweise besitzen die meisten von
ihnen die Fähigkeit, sich genau den Grad an
materiellem Luxus zu verschaffen, den sie für
ihr Wohlbefinden benötigen.

Seltener, aber auffälliger und bemerkenswer-
ter sind jedoch die Asketen unter ihnen, was
sich insbesondere bei einer Jungfrau-Betonung
im Horoskop ergibt. Diese Menschen werden
nur in den seltensten Fällen auf die Idee kommen, sich ein neues Auto zu kaufen, wenn sie
noch ein Fahrzeug besitzen, das fährt. Mode-
erscheinungen bewerten sie als Zeit- und Geld-
verschwendung, Kleidung ist für sie lediglich als
Körperbedeckung und zum Warmhalten da; und
einige wenige von ihnen gehen sogar so weit,
daß sie auf Telefon und Fernsehen verzichten.

Zwischen uns sei Wahrheit!

Die meisten Skorpione besitzen die außergewöhnliche Fähigkeit, sich klar und unmißver-
ständlich auszudrücken. Wenn man sie fragt,
erhält man in der Regel eine ehrliche Antwort,
auch auf die Gefahr hin, daß
diese unangenehm und nicht sehr
schmeichelhaft ist. Süßholzras-
peln ist ihre Art nicht, was zumindest den Vorteil hat, daß man
einem Lob von ihnen uneinge-
schränkt Glauben schenken darf.
Die meisten von ihnen schwei-

> »Wer die Wahrheit
> kennet und spricht
> sie nicht,
> Der bleibt fürwahr ein
> erbärmlicher Wicht.«
>
> (AUGUST BINZER)

Gerad-
linigkeit

gen lieber, als jemandem nach dem Mund zu reden. Ihre Geradlinigkeit wirkt auf ihre Umgebung oft beeindruckend, und so werden viele ihrer Ansichten für andere zu einer Orientierunghilfe. Allerdings macht ihre Direktheit auch manchem angst, der sich scheut, der Wahrheit ins Gesicht zu sehen.

Die größte Schwäche dieses Tierkreiszeichens ist vermutlich, daß Pluto-Menschen für die Schwächen anderer nur schwer Verständnis aufbringen können. Damit sind nicht Gebrechlichkeit, Behinderungen oder Krankheiten gemeint. Im Gegenteil: Viele Skorpione engagieren sich aufopferungsvoll für ihre Mitmenschen, sei es in der Kranken- und Altenpflege oder auch im Umgang mit Behinderten. Es geht vielmehr um mangelnde Selbstdisziplin, Haltlosigkeit und Selbstmitleid. Skorpionen fällt es schwer, für einen Menschen Mitgefühl aufzubringen, der seine Arbeit verloren hat, weil er vom Alkohol nicht lassen kann. Sie haben keinen Trost für eine Freundin, die verzweifelt bei ihnen Zuflucht sucht, weil sie schon wieder von ihrem Mann verprügelt wurde. In der Regel stehen sie auf dem Standpunkt: Wer einmal mißhandelt wurde, ist ein Opfer und verdient jede Hilfe. Wer jedoch – aus was für Gründen auch immer – zum x-ten Mal zum Täter zurückkehrt und jedesmal erneut Schläge einsteckt, dem ist nicht zu helfen.

Der wahre Grund für diese manchmal harte Haltung ist ihre tiefverwurzelte Angst vor den eigenen Schattenseiten und die Sorge, von jemandem oder etwas abhängig zu sein. Aus diesem Grund sind die meisten Skorpione zumindest nach außen hin selbständige, unab-

Schatten-
seiten

hängige Menschen. Wenn sie allerdings einmal
abhängig werden, sei es von einer Droge, Me-   *Sucht*
dikamenten oder einem anderen Menschen,
dann ist es für sie besonders schwer, von dieser Sucht wieder loszukommen.

Die meisten Skorpione sind ungewöhnlich
schlau, sogar diejenigen unter ihnen, die man
beim besten Willen nicht als besonders intelli-
gent bezeichnen kann: Ich kenne Skorpione,
die auch nach zwanzig Jahren Praxis unfähig
sind, einen elektrischen Wecker, einen Kasset-
tenrekorder oder eine Stereoanlage zu bedie-
nen. Sicherlich kein Zeichen besonderer Intelligenz. Aber sie können darauf wetten: Diese
Menschen haben immer jemanden in ihrer
Nähe, der ihnen das Problem abnimmt und für
sie diese Geräte bedient! Warum den Führer-
schein machen und ein Auto unterhalten,
wenn man jederzeit jemanden zur Verfügung
hat, der einen kostenlos dahin fährt, wohin
man möchte? Falls Sie das für übertrieben halten: Skorpione können fast immer andere dazu
bringen, das zu tun, was sie von ihnen wollen.
Ihre Überzeugungskraft grenzt schon an Sugge-   *Überzeu-*
stion oder gar Hypnose. Wenn ein Skorpion   *gungskraft*
möchte, daß ihm ein anderer einen Gefallen
erweist, dann erreicht er auch in neun von
zehn Fällen sein Ziel, so absurd sein Wunsch
auch sein mag. Glücklicherweise sind die meisten Vertreter dieses Tierkreiszeichens zu
stolz, um andere dermaßen in Beschlag zu
nehmen. Möglicherweise würden anderenfalls
die meisten Vertreter der übrigen Tierkreiszeichen wie hypnotisiert durchs Leben torkeln
und sich ausschließlich damit beschäftigen, die
Wünsche der Skorpione zu erfüllen.

Das Skorpion-Kind

Wissens-drang

Eine der auffälligsten und merkwürdigsten Eigenschaften der Skorpion-Kinder ist sicherlich, daß Sie nichts vor ihnen geheimhalten können. Das Geburtstagsgeschenk im Schrank, der neue Freund der Nachbarin, der Ehekrach gestern abend oder die falschen Zähne von Tante Else – es gibt nichts, was ihrem detektivischen Spürsinn entgehen könnte. Wenn Sie schweren Herzens Ihrem Kind beibringen wollen, daß es den Osterhasen oder den Weihnachtsmann nicht gibt, werden Sie vermutlich nur ein mitleidiges Lächeln ernten. Ihr Jung-Skorpion wußte es längst und hat nur deshalb nichts verraten, damit Sie nicht enttäuscht sind. Ähnliche Flops werden Ihnen auch bevorstehen, wenn Sie sich um eine pädagogisch wertvolle Sexualaufklärung bemühen. Denn Ihr Nachwuchs ist bereits vollständig im Bilde und wird Sie höchstens mit Detailfragen blamieren, die Sie auch nicht beantworten können.

Aufmerk-samkeit

Wenn es Ihnen doch einmal gelingt, etwas erfolgreich vor Ihrem Kind zu verbergen, gibt es dafür nur eine einzige Erklärung: Es interessiert sich einfach nicht für diese Angelegenheit. Schon die kleinen Skorpione sind sehr wählerisch mit ihrer Aufmerksamkeit. Falls es etwas ist, das ihre Neugier weckt, werden sie alles darüber herausfinden, was sie wissen wollen, unabhängig davon, wie sehr Sie sich anstrengen, es vor ihnen zu verbergen. Wenn den Skorpion ein Thema nicht interessiert, können ihm die offensichtlichsten Dinge entgehen. Es ist möglich, daß ihr Nachwuchs erst nach zwei Jahren bemerkt, daß Sie sich ein

neues Auto angeschafft haben, obwohl es mehrmals in der Woche mitgefahren ist. Die Pluto-Sprößlinge konzentrieren sich entweder hundertprozentig auf eine Sache, oder sie sind mit ihren Gedanken völlig woanders. Nebenbei etwas mitzubekommen, was ihnen eigentlich nicht liegt, ist nicht ihre Sache.

Das hat natürlich seine Auswirkungen auf die Schulnoten: Wenn sie ein Fach interessiert und sie den Lehrer mögen, wird es ihnen nicht schwerfallen, gute bis sehr gute Noten einzuheimsen. Langweilt sie das Fach oder haben sie eine Abneigung gegen den Lehrer, werden ihre schulischen Leistungen entsprechend schlechter. Da viele Skorpione eine außergewöhnliche Intelligenz und Konzentrationskraft besitzen, ist es allerdings durchaus möglich, daß sie selbst in Fächern, die ihnen nicht liegen, fast schon gegen ihren Willen gute Noten bekommen.

Schulische Leistungen

Skorpion-Kinder reagieren sehr stark auf optische Eindrücke, die sie seelisch viel mehr beschäftigen, als man ihnen anmerkt. Wenn möglich, sollten Sie daher den Fernsehkonsum Ihres Kindes auf ein Minimum beschränken. Versuchen Sie statt dessen lieber, sein Interesse an Büchern zu wecken. Mit Druck und Verboten werden Sie wenig erreichen, aber ein gutes Vorbild und

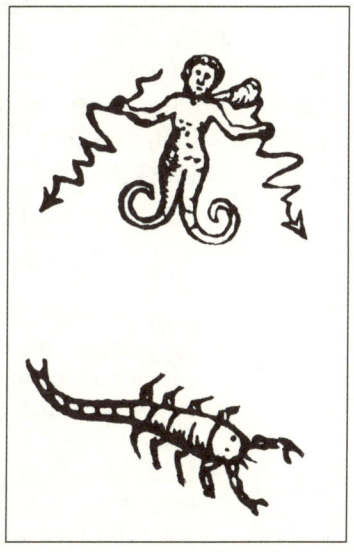

noch bessere Argumente können manchmal Wunder wirken. Der Lohn der Mühe wird ein wesentlich ausgeglicheneres Kind sein, das sich länger und besser als andere konzentrieren kann.

Starr-sinnigkeit Manche behaupten, Skorpion-Kinder seien schwierig und starrsinnig. Das ist nicht wahr. Sie lassen sich nur nicht zu etwas zwingen, das sie nicht einsehen können. Fadenscheinige Begründungen machen das Ganze nur noch schlimmer. Ich weiß von einem Skorpion-Kind, dem die Eltern beibringen wollten, bei Tisch nicht den Ellenbogen aufzustützen. Auf das obligatorische »Warum?« fiel ihnen nur die äußerst unkluge Antwort ein: »... weil er sonst am Tisch festwächst und nicht mehr abgeht.« Es kam, wie es kommen mußte: Die nächsten Wochen verbrachte das Kind viele Stunden damit, den Ellenbogen bei jeder Gelegenheit auf den Tisch zu stützen und gespannt darauf zu warten, daß die ersten Wurzeln aus dem Arm sprössen. Als dies nicht passierte, weihte es mehrere Kinder in die Theorie des festwachsenden Ellenbogens ein. Anschließend experimentierte man etwa eine Stunde, um zu der definitiven Erkenntnis zu gelangen, daß die Eltern wohl gelogen haben mußten. Ein Skorpion verzeiht vieles, aber nicht, wenn er hintergangen oder belogen wird. In der Folge hatten die Eltern keine Chance mehr, ernsthaft auf ihr Kind einwirken zu können, da es sich auf den skorpiontypischen Standpunkt stellte: »Wer ein-

> »Wer durch Betrug einmal aufgefallen ist, hat, selbst wenn er die Wahrheit spricht, seine Glaubwürdigkeit verloren.«
>
> (PHÄDRUS)

mal lügt, dem glaubt man nicht.« Jetzt wissen Sie also, welchen Erziehungsfehler es hier unbedingt zu vermeiden gilt.

Skorpion-Kinder haben durchaus ein ausgeprägtes Bedürfnis nach echter Autorität, wobei hier die Betonung wieder auf »echt« liegt. Sie müssen das Gefühl haben, daß ihre Eltern stärker und durchsetzungsfähiger als sie selbst sind, um sie ernst nehmen zu können und vor allem um sich geborgen zu fühlen. Eltern, die ihren Pluto-Kindern aus falsch verstandener Toleranz alles durchgehen lassen, setzen sich dem Risiko aus, daß aus ihrem Nachwuchs kleine Tyrannen werden, die unter den merkwürdigsten Ängsten und Neurosen leiden. *Bedürfnis nach Autorität*

Echte Autorität bedeutet für die kleinen Skorpione, daß die Eltern gerecht und konsequent sind. Gerecht bedeutet für sie, daß etwa Geschwister nicht besser oder schlechter behandelt werden als sie selbst, und konsequent, daß nicht heute grundlos etwas verboten wird, was gestern noch erlaubt war (oder umgekehrt). *Gerechtigkeit*

Wenn Ihr Kind nicht seinen Willen durchsetzen kann und daraufhin mit stundenlangem nervtötendem Geschrei reagiert, kann es gut sein, daß es lediglich testet, ob Sie genügend Durchhaltevermögen besitzen, um seines Respekts würdig zu sein.

Die Skorpion-Frau

Gern wird die Skorpion-Frau in der astrologischen Literatur mit der »Femme fatale« oder dem »männermordenden Vamp« gleichgesetzt. Wahr daran ist, daß viele Vertreterinnen dieses Tierkreiszeichens die Männer gleichzei- *»Vamp«*

tig faszinieren und ihnen angst machen. Bereits eine Verbindung von starken, leidenschaftlichen Gefühlen und einem klugen, kühlen Kopf überfordert sie völlig. Ausgeprägte Sinnlichkeit und Erotik bei gleichzeitiger Selbständigkeit oder gar feministischem Anspruch machen ihre Verwirrung vollkommen.

Und wem das auch noch nicht reicht, der wird sich mit der Gleichzeitigkeit höchster Emotionalität und kühler Berechnung, realistischer Lebenseinstellung und Idealismus auseinandersetzen müssen. Männer, die ernsthaft behaupten, eine Skorpion-Frau verstehen zu können, leiden entweder an krankhafter Selbstüberschätzung, oder sie sind schlichtweg Lügner. In der Tat handelt es sich um äußerst komplexe Persönlichkeiten, und immer, wenn man glaubt, ihre Reaktionen oder Empfindungen einigermaßen abschätzen zu können, überraschen sie mit Handlungen, die man niemals von ihnen erwartet hätte.

Verwirrende Mischung

Ein weiterer Grund für die Verwirrung vieler Männer ist die (scheinbare oder tatsächliche) Aussicht auf die Erfüllung ihrer geheimsten Phantasien bei gleichzeitiger Furcht, den Forderungen der Frau ihrer Träume nicht gewachsen zu sein.

Die Skorpion-Frauen haben tatsächlich hochgesteckte Erwartungen an ihren Partner, allerdings durchaus nicht in erster Linie im sexuellen Bereich. Trivialer »Sex pur« wird nur wenige von ihnen auf Dauer faszinieren können, und bei diesen Damen ist es meistens ein Zeichen schlimmer seelischer Verletzungen, wenn sie sich in oberflächliche Beziehungen flüchten und echte Herzensbindungen meiden. Eine gesunde

Erwartungen

Skorpion-Frau verabscheut nichts mehr als Oberflächlichkeit. Sie ist neugierig auf das, was hinter den Dingen liegt, und wenn sie verliebt ist, kann es gelegentlich passieren, daß sie hinter den platten Äußerungen ihres Gegenübers den raffiniertesten Tiefgang vermutet. Da einer Skorpion-Frau normalerweise kein Geheimnis verborgen bleiben kann, das sie ergründen möchte, kann es eine Weile dauern, bis sie zu der Erkenntnis gelangt, daß sich nur Geheimnisse ergründen lassen, die auch vorhanden sind. Sobald sie ihren peinlichen Irrtum durchschaut hat, ist die Entzauberung des vormals Angebeteten nur eine Sache von Stunden, Tagen, höchstens Wochen. Ebenso stark, wie vorher ihre Neugier und Faszination war, ist jetzt ihre Gleichgültigkeit.

> »Dein Schmerz ist nur das Aufbrechen der Schale, die dein Verstehen einschließt.«
>
> (KHALIL GIBRAN)

Außerdem wird es ihr furchtbar peinlich sein, auf eine solch hohle Nuß hereingefallen zu sein, und sie wird sich die größte Mühe geben, die Angelegenheit so schnell wie möglich zu vergessen – was nicht einfach ist, denn Skorpione vergessen ihre Gefühle niemals.

In Wahrheit sehnen sich jedoch alle Skorpion-Frauen nach einer Partnerschaft, in der Offenheit, Ernsthaftigkeit und Treue die tragenden Säulen der Beziehung sind. Die Treue muß nicht unbedingt körperlicher, aber doch immer emotionaler Natur sein. Für eine echte Lebensgemeinschaft sind sie bereit, alles andere zweitrangig werden zu lassen; und sie erwarten das gleiche von ihrem Partner. Beziehungen, die diesem Absolutheitsanspruch nicht genügen, erfüllen sie immer mit Unbehagen. *Sehnsucht*

Wenn es der Partner ist, der sie mehr liebt als sie ihn, werden sie sich Vorwürfe machen, denn sie neigen wie alle Skorpione zu Schuldgefühlen. Sind sie es, deren Gefühle stärker sind, werden sie darunter leiden, einen Minderwertigkeitskomplex entwickeln und sich fragen, was sie falsch machen. Skorpion-Frauen nehmen nichts *Ernst-* auf die leichte Schulter, das gilt für die Liebe in *haftigkeit* ganz besonderem Maße. Die Tatsache, daß sie in der Regel bei der Wahl ihres Partners sehr anspruchsvoll sind, während sie auf viele Männer einschüchternd wirken, führt oft dazu, daß es recht lange dauert, bis eine tragfähige Beziehung entstehen kann. Dabei mag es wie eine Ironie des Schicksals wirken, daß von allen Tierkreiszeichen die weiblichen Skorpione am meisten Verständnis für das männliche Geschlecht aufbringen. Sie sind zu ausgeprägte Realistinnen, um sich einen Heiligen als Partner zu erhoffen. Sie können es tolerieren, wenn ihr Gefährte vom Stammtisch angeheitert nach Hause kommt. Es bereitet ihnen keine Schwierigkeiten, wenn ihr Herzbube während der Fußballweltmeisterschaft für Wochen biertrinkend und unansprechbar vor dem Fernseher sitzt, und selbst ein Seitensprung mag unter bestimmten Umständen verzeihlich sein. Ihre Toleranz findet jedoch ein abruptes *Toleranz-* Ende, wenn sie belogen werden und ihr Vertrau*grenze* en mißbraucht wird.

Solange sie keinen Anlaß sehen, ihrem Partner in irgendeiner Hinsicht zu mißtrauen, werden sie sich scheinbar blind auf ihn verlassen. Sobald sie allerdings Verrat wittern, kennt ihr detektivischer Spürsinn keine Grenzen. Auch irgendwelche moralischen Skrupel spielen dann keine Rolle mehr. Sie werden Post abfan-

gen, Telefonate heimlich mithören, Hotelrech-
nungen überprüfen und den Kilometerstand
des Autos notieren, bis sie sich endgültige Gewißheit verschafft haben. Sobald sie sicher
sind, werden sie einen geeigneten Moment abwarten, um ihren Partner mit der Wahrheit zu
konfrontieren. Ihre tief verletzten Gefühle *Konfron-*
können sie durchaus dazu aufstacheln, daß sie *tation*
mit scheinbar naiven Fragen ihr Gegenüber
sich immer tiefer in ein Lügennetz verwickeln
lassen, um den Ertappten dann am Ende um so
demütigender bloßzustellen. Es gibt die Re-
densart »In der Liebe und im Krieg ist alles erlaubt«. Und Skorpion-Frauen halten nichts von
selbstloser Vergebung, wenn ihre Gefühle tief
verletzt wurden. Mehr liegt ihnen da schon die
alttestamentarische Devise »Auge um Auge,
Zahn um Zahn«.

Auch wenn durch ein solches Ereignis nicht
immer und notwendigerweise die Beziehung
zerbricht, das Vertrauen zum Partner ist für
immer dahin, und er wird für seinen Fehler
sehr, sehr lange büßen müssen. Wer das Glück
hat, mit einer solch faszinierenden und viel-
schichtigen Frau liiert zu sein, sollte es niemals soweit kommen lassen. Offenheit und *Offenheit*
Ehrlichkeit wirken immer entwaffnend auf sie, *und Ehr-*
und sie ist entgegen weitverbreiteter Vorurtei- *lichkeit*
le auch so gut wie immer bereit, sich in fairer
Weise den Tatsachen zu stellen, selbst wenn
diese äußerst schmerzhaft sein sollten.

Der Skorpion-Mann

Bei Astrologiekennern und solchen, die sich
dafür halten, stehen die Skorpion-Männer im

Latin Lover

Ruf, eine unwiderstehliche Mischung aus Machtmensch, charismatischer Persönlichkeit, Schürzenjäger, Ladykiller und Latin Lover zu sein. Unabhängig davon, ob Sie das nun bedauern oder darüber erleichtert sind: Fast nichts ist davon wahr.

Es gibt tatsächlich hin und wieder Skorpion-Männer, die in ihren Gefühlen und ihrem Idealismus so verletzt worden sind, daß sie sich entschlossen haben, ihre Lebensorientierung auf möglichst zahlreiche sexuelle Eroberungen zu reduzieren. Wie bei allem, was ein Skorpion mit hundertprozentigem Einsatz beginnt, wird er auch hier außergewöhnlich erfolgreich sein. Da die exotische Ausnahme sehr viel mehr Aufmerksamkeit erregt als die nicht ganz so spektakuläre Regel, hat man dieser Randerscheinung über Gebühr Gewicht beigemessen.

Grundsätzlich lassen sich zwei Hauptformen von Skorpion-Männern unterscheiden: Die einen neigen zu heftigen Schuldgefühlen, da man ihnen schon in der Kindheit eingeredet hat, sie seien die Ursache allen Übels in der Welt. Den meisten gelingt es, diese Erfahrung in ihrem späteren Leben auf die Ebene eines außergewöhnlichen Verantwortungsbewußtseins zu transformieren. Anders gesagt: Sie machen aus einer belastenden Schwäche eine Stärke. Deshalb kann man sich auf ihr Wort verlassen; was sie versprechen, halten sie auch. Wer sich in ihre Hände begibt, ist bestens aufgehoben und kann ihnen (beinahe) blind vertrauen. Für viele von ihnen wird Vertrauenswürdigkeit zu einem zentralen Lebensthema, insbesondere auch in sogenann-

Verant-wortungs-bewußtsein

ten helfenden Berufen. Nachdem man ihnen
eingeredet hat, daß sie an allem Schuld sind,
wollen sie beweisen, daß andere ihre Unterstützung dringend brauchen. In der Psychologie würde man hier von einem Versuch der
»Selbsterlösung« sprechen. Doch ist es gar   *»Selbst-
nicht nötig, so ausführlich Hintergründe und   erlösung«*
Motive zu hinterfragen, solange es auf dieser
Welt nicht einen Überfluß an verantwortungs-
bewußten und hilfsbereiten Menschen gibt.

Dieser Typ von Skorpion-Männern überläßt
in Beziehungen oft und gern die Führung seiner Partnerin. Er möchte sich nicht den Vorwurf der Dominanz zuziehen und für scheinbare oder tatsächliche Fehlentscheidungen
zur Rechenschaft gezogen werden. Nur allzu-
leicht wird er deshalb von seiner Partnerin unterschätzt. Entsprechend einem weitverbrei-
teten Vorurteil hält man sie schnell für eher
schwache Persönlichkeiten oder gar für Pantoffelhelden. Solange die Beziehung ansonsten
gut funktioniert, sind viele Pluto-Männer bereit, auch diesen Preis für ihren Seelenfrieden
zu zahlen. Sollte es jedoch einmal zum Bruch
kommen, so ist der Skorpion-Mann der erste,
der einschneidende Konsequenzen zieht und   *Konse-*
sich durch nichts und niemanden mehr davon   *quenzen*
abbringen läßt. Dies gilt für alle Formen zwi-
schenmenschlicher Bindungen, für den Beruf
genauso wie für Partnerschaften. Das Erstau-
nen ist dann oft groß, und Entschuldigungen
und Respektbezeugungen kommen hoffnungslos zu spät.

Der zweite Typus ist von dem Bewußtsein
durchdrungen, daß es Ideale gibt, die größer
und wichtiger als das eigene Leben sind. Dies

mag für den einen die Verteidigung seines Va-
terlandes, für einen anderen sein moralisches
oder religiöses Engagement und
für den dritten die Verbreitung
bedeutsamer medizinischer Er-
kenntnisse sein. Diese Ideale
erzeugen bei ihnen eine außergewöhnliche innere Festigkeit
und Selbstsicherheit. Wenn es
sein muß, sind sie bereit, für
ihre Überzeugungen alles zu
opfern: ihren Besitz, ihre Freundschaften,
ihren Beruf, ihre Partnerschaft und selbst ihr
Leben. Nicht jeder wird ihre Ansichten teilen,
und mancher wird sie vielleicht sogar für
fanatisch und missionarisch halten, doch
jeder wird ihrem Mut und ihrer Konsequenz
Respekt zollen. Anders ausgedrückt: Dieser
Typus des Skorpion-Mannes braucht, sucht
Lebens- und findet Lebensthemen, für die sich hun-
themen dertprozentiges Engagement lohnt.

> »Aus dem Leben heraus
> sind der Wege zwei dir
> geöffnet. Zum Ideale
> führt einer, der andere
> zum Tod.«
>
> (FRIEDRICH SCHILLER)

Seltsamerweise ist gerade das der Grund für
die oft außergewöhnliche Anziehungskraft, die
diese Männer auf Frauen ausüben. Sie machen
keinen Hehl daraus, daß sie für eine Partnerschaft, so wichtig sie ihnen auch sein mag, niemals ihre Ideale aufgeben würden. Vielleicht
sieht die eine oder andere Frau darin eine Herausforderung, ihren Skorpion-Partner doch
noch umzustimmen. Doch solche Vorstellungen sind naiv und erzeugen nur unnötiges Leid
auf beiden Seiten. Die meisten Frauen werden
aber von der Gradlinigkeit und dem Mut des
Skorpion-Mannes fasziniert sein. Schließlich
handelt es sich hier um Qualitäten, die heut-
zutage eher Mangelware sind.

Die Bedeutung des Geburtstages

Das folgende Kapitel behandelt die einzelnen Geburtstage, die in Gruppen von jeweils drei Tagen zusammengefaßt sind. Dies erlaubt eine wesentlich persönlichere Deutung, als es über das Tierkreiszeichen allein möglich wäre. Wenn Sie die Aussagen dazu mit dem, was Sie über das Tierkreiszeichen Skorpion gelesen haben, kombinieren, werden Sie die Skorpion-Persönlichkeit sicherlich noch besser getroffen finden. Die in den Geburtstagsgruppen gemachten Aussagen leiten sich von den sogenannten »Kritischen Graden« ab. Diese kommen in unterschiedlicher Häufigkeit im gesamten Tierkreis vor. Wenn Sie also – etwa beim gründlichen Vergleich verschiedener Bände aus dieser Reihe – zu unterschiedlichen Daten den gleichen Text vorfinden sollten, ist dies kein Fehler, sondern Absicht. Bei diesen Menschen stand die Sonne zum Zeitpunkt der Geburt auf dem gleichen »Kritischen Grad«.

22.* bis 24.10. (29 Grad Waage bis 1 Grad Skorpion)

Dies ist eine der leidenschaftlichsten Konstellationen. Kaum ein anderer Geburtstag ermög-   *Leidenschaft*

---

* Da nicht alle Monate exakt 30 Tage zählen, sind sie nicht immer 1:1 mit den 30 Graden des Tierkreiszeichens in Deckung zu bringen. Außerdem verschiebt sich der Beginn des Zeichens jährlich ein wenig. Der 22.10., der nicht zum Skorpion-Zeitraum gehört, steht hier für 29 Grad Waage.

licht eine solch intensive und heftige Begegnungs- und Bindungsfähigkeit.

Diese Menschen haben das Bedürfnis, sich vollständig mit den Werten einer Beziehung, re*Identifi*spektive eines Gegenübers, identifizieren zu *kation* können. Sie sehnen sich daher nach einem perfekten Partner, der ihren überaus hohen Erwartungen gerecht werden kann.

Der andere wird damit gleichzeitig idealisiert und auf die eigenen Vorstellungen reduziert. Ist er nicht in dem Maße perfekt, wie dies von ihm erwartet wird, verliert er blitzartig an Attraktivität, und schwerwiegende Konflikte sind programmiert. Denn zusätzlich zu den zu erwartenden Enttäuschungen, die sich aus der Unvereinbarkeit von Ideal und Wirklichkeit ergeben, besteht eine außerordentliche Bindungsintensität. Das heißt, Beziehungen, die einmal eingegangen wurden, können oft nur schwer und unter großen Schmerzen und gegenseitigen Verletzungen wieder gelöst werden. Hier ergibt sich häufig das Problem, daß man in zwischenmenschlichen Beziehungen und insbesondere in engen Partnerschaften zwar schnell ernüchtert und enttäuscht ist, es jedoch nur schwer schafft, sich aus einmal eingegangenen Bindungen wieder zu befreien. Im Extremfall kann in dieser Situation der Eindruck entstehen, daß man sich wie die Fliege im Spinnennetz fühlt.

Menschen mit dieser Konstellation sehnen *Persönlicher* sich nach Werten, die den höchsten persönli*Einsatz* chen Einsatz und den größten Verzicht wert sind. Klassische Entsprechungen sind hier Tätigkeiten bei sozialen und religiösen Institutionen, aber auch radikales politisches Engage-

ment. Im Denken und in persönlichen Einstellungen besteht eine außergewöhnliche Konse- *Konsequen-*
quenz. Diese Menschen bemühen sich um eine *te Einstel-*
widerspruchsfreie Einstellung allen Dingen ge- *lungen*
genüber. Dies läßt sie manchmal ein wenig dogmatisch und intolerant wirken, doch der wahre
Grund ist, daß sie nicht mit Halbheiten leben
wollen.

25. bis 27.10. (2 bis 4 Grad Skorpion)

Menschen, die an diesen Tagen geboren wurden, sind ungewöhnliche und originelle Persönlichkeiten, die sich durch eine Vorliebe für
Extreme auszeichnen. Ein gutes Beispiel ist
ihr Ordnungssinn: Entweder haben sie keinen,
oder alles muß penibel an seinem Platz sein,
für das Mittelmaß sind sie nicht gemacht. Im
Umgang mit anderen sind sie außergewöhnlich aggressiv oder besonders freundlich. Ihre
Zukunft ist sorgfältig geplant, oder sie leben
eher chaotisch in den Tag hinein. Kompliziert
wird diese außergewöhnliche Persönlichkeits-
struktur noch durch die Tatsache, daß sie je
nach Lebensbereichen gegensätzliche Eigenschaften aufweisen kann. So mag jemand in *Gespalten-*
seinem Privatleben ein Ordnungsfanatiker *sein*
sein, während er seinen Arbeitsplatz in dieser
Hinsicht vernachlässigt – oder (was häufiger
vorkommt) umgekehrt. Manche sind im Umgang mit Untergebenen besonders zuvorkom-
mend, während sie sich mit Arbeitskollegen
ständig heftige Auseinandersetzungen liefern
und so weiter. Es fällt nicht leicht, solche
Menschen zu verstehen, sie haben oft selbst
Probleme damit.

Doch wer an diesen Tagen geboren wurde, hat die besondere Chance, zu sich selbst zu finden, indem er die Sinnhaftigkeit anerzogener Einschränkungen und Tabus immer wieder hinterfragt. Auf diesem Weg kann er die Fähigkeit erwerben, sich selbst gerecht zu werden, ohne anderen damit zu schaden und, wo es nötig ist, besondere Opfer zu bringen und sich über falsche Moralvorstellungen hinwegzusetzen.

Kritisches Hinterfragen

Entwickelte Persönlichkeiten versprechen nicht mehr, als sie halten können. Im Umgang mit anderen und in der Partnerschaft fällt es ihnen leichter als vielen anderen, verbindlich zu sein. Allerdings brauchen sie ihre Zeit, bis sie bereit sind, sich auf einen anderen Menschen vollständig einzulassen. So genießen sie in ihrer persönlichen Umwelt eine natürliche Autorität, sind glaubwürdig, und die anderen schätzen sie für ihre Zuverlässigkeit.

Menschen, die an diesen Tagen geboren wurden, haben oft instinktiv verstanden, daß man nur für Dinge auf Dauer Verantwortung übernehmen kann, an denen man auch Freude hat. So ist es zum Beispiel sicherlich wesentlich leichter, einem Partner treu zu sein, wenn man sich zu diesem körperlich hingezogen fühlt und die Sexualität für beide Seiten befriedigend ist. Auch geschäftliche Vereinbarungen wird man gern und ohne Mühe eingehen und einhalten können, wenn man von ihnen profitiert.

Verantwortung

Diese Menschen sind oft überdurchschnittlich ausgeglichen und psychisch und seelisch gesund, da sie es verstehen, sich ihr Leben ihren persönlichen Neigungen und Fähigkei-

ten angemessen einzurichten. Sie setzen sich
Ziele, die sie weder über- noch unterfordern.
So verschaffen sie sich Erfolgserlebnisse, die *Erfolg*
ihnen zu einem gesunden Selbstbewußtsein
verhelfen.

Falls keine anderslautenden Konstellationen dem entgegenstehen, erfreuen sie sich bis
ins Alter einer aktiven Sexualität und robuster
Gesundheit.

28. bis 30.10 (5 bis 7 Grad Skorpion)

Wer in diesen Tagen geboren wurde, besitzt
ein unerschütterliches Vertrauen in die Welt
und das Leben. Mancher mag sie unter Umständen für naiv halten, weil sie einfach nicht
bereit sind, sich durch erlittene Rückschläge
entmutigen zu lassen. Doch dies zeigt nur den
Neid der Pessimisten.

Ein solcher Skorpion wird so gut wie niemals in eine Lebenslage kommen, die er nicht
meistern könnte, so schwer sie auch sein mag.
Wenn diesen Skorpion-Geborenen etwas miß-
lingt, probieren sie es einfach so lange aufs
neue, bis es klappt. Eine besondere Fähigkeit
ist hier, die eigenen Grenzen erkennen zu
können: Dinge, die einem nicht liegen oder die
einen überfordern, werden gar nicht erst ins
Auge gefaßt. So ist der Erfolg mit allem, was sie
beginnen, fast schon garantiert. Allerdings besteht oft auch eine gewisse Abneigung gegen *Abneigung*
Anstrengungen, zumindest solange sie nicht *gegen An-*
unbedingt notwendig sind. Nur wenige Men- *strengung*
schen mit dieser Konstellation lieben kräfte-
zehrende Hobbys, dafür sind sie einfach zu be-
quem. Auch bei der Arbeit achten sie darauf,

daß sie sich nicht überanstrengen, was ihnen allerdings längst nicht immer in dem Umfang gelingt, wie sie sich dies wünschen. Besser als die meisten anderen Menschen können sie sich blitzschnell auf neue Situationen einstellen. Spontane Entscheidungen und Unternehmungen lieben sie besonders.

Beruf All diese Umstände bewirken, daß sie in Ausbildung und Beruf in vielen Fällen ihre Chancen nicht völlig ausschöpfen, sondern sich mit weniger zufriedengeben, als ihnen möglich wäre. Dennoch verschafft ihnen das im Leben nur in den seltensten Fällen Nachteile. Sie lieben viel zu sehr die Abwechslung, als daß sie Freude an einer zehnjährigen Berufsausbildung mit anschließendem Praktikum finden könnten. So üben auch nur wenige ein Leben lang den gleichen Beruf aus. Wo dies der Fall ist, bietet er so viel Abwechslung und neue Herausforderungen, daß Langeweile kaum aufkommen kann.

Abneigung Besonders sympathisch macht sie ihre in-
gegen stinktive Abneigung gegen alle Formen von
Gewalt Gewalt. Personen, die in diesen Tagen Geburtstag haben, gehören zu den friedlichsten Menschen auf diesem Planeten. Lediglich wenn man sie oder ihre Lieben angreift, kann sie ein heiliger Zorn packen, wobei der Überraschungseffekt auf ihrer Seite ist: Das Gegenüber hätte ihnen eine solche Reaktion nie zugetraut und ist deshalb schon überrumpelt, bevor es die neue Situation überhaupt erfassen kann.

Vor allem Frauen, die an diesen Tagen geboren wurden, neigen überdurchschnittlich oft zu Eisenmangel und Kreislaufstörungen, besonders zu niedrigem Blutdruck. Hier kann ein mäßiges, aber regelmäßiges Kreislauftraining wie Schwimmen, Laufen oder Radfahren Abhilfe schaffen.

31.10. bis 2.11. (8 bis 10 Grad Skorpion)

Wer an einem dieser Tage geboren wurde, gehört zu den empfindsamsten Vertretern seines Tierkreiszeichens. Es gibt kaum eine Regung in seiner Umwelt, die ihm entgehen könnte. So wissen die Betreffenden auch über das, was in ihrem Partner vor sich geht, oft schneller und besser Bescheid, als dieser selbst. So schön es für einen Menschen ist, mit jemandem zusammenzusein, der ihn blind versteht und entsprechend auf ihn eingehen kann, so hat diese Konstellation doch nicht nur Vorteile: Schließlich hat jeder seine kleinen Geheimnisse, die er gern für sich behalten möchte. Wer sich permanent durchschaut fühlt, reagiert auch einmal mit deutlichem Unbehagen oder wird sogar regelrecht wütend. Die in diesen Tagen Geborenen fühlen sich durch solche Reaktionen zu Recht verletzt und gekränkt, schließlich können sie nichts für ihren Spürsinn, und sie haben es nur gut gemeint. So lernen sie früh, ihre Fähigkeiten in diesem Bereich, so gut es geht, vor anderen und am Ende sogar vor sich selbst zu verstecken.

Viele Menschen mit dieser Konstellation unterschätzen sich und ihre Fähigkeiten. Häufig ist die Ursache hierfür im Elternhaus zu suchen, wo vielleicht zuwenig Nestwärme vorhanden war oder – was oft der Fall ist – zuviel Kritik geübt wurde. Das Resultat ist leider in

Empfind-
samkeit

vielen Fällen eine überkritische Einstellung sich selbst gegenüber: Niemals ist man mit sich und dem, was man erreicht hat, wirklich zufrieden. In – glücklicherweise seltenen – Extremfällen kann das in regelrechtem Selbsthaß gipfeln, der jede Lebensfreude im Keim erstickt. Insbesondere bei Frauen kann dies sogar zu gesundheitsschädlichen Eßstörungen führen. In Freundschaften und Beziehungen ist es deshalb für sie besonders wichtig, daß man ihnen Anerkennung und emotionale Unterstützung entgegenbringt. Wenn sie spüren, daß sie jemand mag und akzeptiert, kennt ihre Dankbarkeit kaum Grenzen, auch wenn sie sich dies selbst vielleicht nicht eingestehen können. Aus Angst, verletzt zu werden, fällt es ihnen oft schwer, anderen zu zeigen, was sie für sie empfinden. Ist jedoch erst einmal das Eis gebrochen, sind sie ausgesprochen stürmisch und leidenschaftlich. Allerdings dauert es recht lange, bis sie einem anderen Menschen völlig vertrauen, und der kleinste Mißklang kann dazu führen, daß sie sich wieder in ihr Schneckenhaus zurückziehen. Ihr Gefühlsleben gleicht manchmal einer Achterbahn; Niedergeschlagenheit und Begeisterung wechseln schnell und häufig.

Selbsthaß

Sie lieben es, aktiv zu sein, sind meist sportlich und ehrgeizig. Solange ihnen ihre Stimmungen nicht in die Quere kommen, können sie in kurzer Zeit Außergewöhnliches leisten. Sogar harte Arbeit kann ihnen Spaß machen und Selbstbestätigung geben.

Aktivität

So vorsichtig sie auch normalerweise vorgehen, in wichtigen Lebenssituationen neigen sie zu vorschnellen Entscheidungen, dies gilt so-

wohl für den Beruf als auch für Partnerschaften.
Hier kostet es oft viel Kraft und Ausdauer, um
einmal gemachte Fehler zu korrigieren. Zum
Glück haben sie von beidem mehr als genug.

Viele Menschen mit dieser Konstellation besitzen unentdeckte künstlerische, ästhetische
und organisatorische Fähigkeiten, die sie fördern und entwickeln sollten. Auf diese Weise
können sie sich einen Ausgleich zu ihren alltäg- *Ausgleich*
lichen Belastungen verschaffen.

3. bis 5.11. (11 bis 13 Grad Skorpion)

Menschen, die an einem dieser Tage geboren
wurden, haben Großes im Leben vor, und
meist erreichen sie es auch. Freunde, Partner,
Verwandte und Konkurrenten können keinen
größeren Fehler begehen, als sie zu unterschätzen. Im Glücksfall werden sie angenehm
überrascht ihre Meinung ändern, im schlimmsten Fall ihre Fehleinschätzung bitter bereu-
en. Viele der in diesem Zeitraum Geborenen
besitzen einen besonders ausgeprägten Ge- *Geschäfts-*
schäftssinn, und nichts macht ihnen mehr *sinn*
Freude als kaufen und verkaufen. Die größte
Schwierigkeit bei ihren hochfliegenden Plänen
ist die schmerzhafte, aber unvermeidliche
Einsicht, daß man bei allen Dingen im Leben
am Anfang beginnen muß. Dabei stecken sie
voller Ideen, was sie alles machen werden,
wenn sie erst einmal »oben« sind. Ihr Problem
ist nicht, ihr Ziel aus den Augen zu verlieren –
das haben sie ständig vor sich –, sondern die
Mühe auf sich zu nehmen, all die kleinen,
mühseligen Schritte dorthin zu unternehmen.
Eigentlich fühlen sie sich ja zu Höherem beru-

fen. Die größte Falle ist für sie daher, sich für
die notwendigen Lehrjahre zu fein zu sein.
Menschen, die diesen Fehler begehen, bleibt
nichts als ihre große Vision – an eine Verwirklichung ist nicht mehr zu denken.

Charme

Beeindruckend sind ihre Überzeugungskraft
und ihr Charme. Diese Kombination macht sie
für viele regelrecht unwiderstehlich, so daß es
ihnen so gut wie immer gelingt, Mitstreiter für
ihre Projekte zu gewinnen.

Im Umgang mit anderen sind sie großzügig
und tolerant, solange niemand ihren Füh-
rungsanspruch in Frage stellt. Wer dies pro-
biert, kann unter Umständen ein blaues Wunder erleben. Sobald jemand versucht, ihnen
die Butter vom Brot zu nehmen, kämpfen sie
wie die Löwen, und sie verlieren in derartigen
Auseinandersetzungen so gut wie nie.

Ihre oft außerordentlichen Fähigkeiten und
ihre Wirkung auf andere können zu Überheb-
lichkeit und Selbstüberschätzung führen,
eine der größten Gefahren für Menschen mit
dieser Konstellation. Oftmals werden Risiken
eingegangen, die in Extremfällen in einer Ka-
tastrophe enden können. Deshalb sind für sie
Freunde und Partner wichtig, die sie nicht
nur hemmungslos bewundern, sondern ihnen
mit konstruktiver Kritik helfen, »auf dem Tep-
pich« zu bleiben.

Ausland

Viele Menschen mit dieser Konstellation
haben eine besondere Affinität zum Ausland.
Sei es, daß sie so oft wie möglich in die Ferne
reisen, sei es, daß sie berufliche Verbindungen
zum Ausland haben oder daß Freunde oder
der Partner aus einem anderen Kulturkreis
stammen.

Leber, Dickdarm und Zähne sind bei vielen Menschen, die in diesen Tagen geboren wurden, Schwachpunkte. Sie sollten deshalb zurückhaltend im Alkoholkonsum sein und auf eine gesunde Ernährung achten.

6. bis 8.11. (14 bis 16 Grad Skorpion)

Wer an einem dieser Tage geboren wurde, hat oft ein außergewöhnliches Kommunikations- *Kommu-* talent. Die meisten von ihnen reden viel und *nikations-* gern. Da sie in der Tat etwas mitzuteilen haben *talent* und dabei noch unterhaltsam und amüsant sein können, hört man ihnen meist bereitwillig zu. Nicht immer und nicht allen gelingt es allerdings, das richtige Maß einzuhalten, so daß mancher übersieht, daß sein Gegenüber gelegentlich auch gern einmal etwas sagen würde.

Unter den Menschen mit dieser Konstellation finden sich häufig geborene Lehrer: Keiner kann so gut wie sie schwierige Zusammenhänge allgemeinverständlich erklären. Ihre Begeisterung für ein Thema ist dabei durchaus ansteckend, so daß ihre Schüler auch tatsächlich bei der Sache sind und nicht nur gelangweilt das Ende der Stunde abwarten.

Diejenigen unter ihnen, die keine solchen Kommunikationsathleten sind, haben häufig eine Vorliebe für das Schreiben, gleichgültig, ob es sich dabei um Briefe, das Tagebuch, Gedichte oder einen Roman handelt.

Besser als die meisten anderen Menschen sind sie in der Lage, Gefühle ausdrücken und *Verständnis* sich in das Seelenleben anderer hineinversetzen zu können. So nimmt es nicht wunder, daß, wer in ihrer Umgebung Kummer hat, bei ihnen Verständnis und Trost sucht. Da sie immer bereit sind, anderen zu helfen, bleibt ihnen häufig kaum noch genügend Raum für ihr Privatleben. Oft bedarf es deutlicher Worte des Partners oder enger Freunde, damit sie lernen, sich ausreichend abzugrenzen.

So gut wie alle Menschen mit dieser Konstellation besitzen eine außergewöhnliche geistige Beweglichkeit und eine hohe Intelligenz.

9. bis 11.11. (17 bis 19 Grad Skorpion)

Typische Vertreter

Menschen, die an einem dieser Tage geboren wurden, sind die typischsten Vertreter ihres Zeichens. Die meisten von ihnen sind regelrechte Glückskinder. Was sie anpacken, gelingt ihnen auch so gut wie immer. Die Schwierigkeiten in ihrem Leben scheinen nur dafür dazusein, daß sie sich beweisen können, daß es kaum etwas gibt, mit dem sie nicht fertig werden. Diese Menschen brauchen große Herausforderungen, um sich selbst zu bestätigen und daran zu wachsen. Ein Leben, das allzusehr in überschaubaren Bahnen verläuft, gibt ihnen nicht das Gefühl von Sicherheit, sondern sie langweilen sich schlicht zu Tode. Mancher geht in solchen Situationen unnötige Risiken ein. Das können gefährliche Sportarten, der Hang zum Glücksspiel oder gar illegale Aktivitäten sein. Und das alles nur, um sich ein wenig Nervenkitzel zu verschaffen. Wenn sie dann einige Jahre später zurückblicken und sich an ihre »Jugendsünden« erinnern (die durchaus nicht nur in der Jugend begangen werden), erschreckt sich so mancher

nachträglich und ist baß erstaunt darüber,
trotz so viel sträflichen Leichtsinns mit heiler
Haut davongekommen zu sein. Viel einfacher
haben es diejenigen, die ihre überschießende *Lebens-*
Lebensenergie schon frühzeitig in konstruk- *energie*
tive Bahnen lenken konnten. Menschen, die
ihre berufliche Karriere auf der Überholspur
machten, sind überdurchschnittlich häufig an
diesen Tagen geboren. Ihre zahlreichen Er-
folge sind niemals etwas, das sie auf Dauer be-
friedigen könnte, sondern lediglich Etappen
auf einem Lebensweg, der kein endgültiges
Ziel zu kennen scheint. Diese Skorpion-Geborenen sollten darauf achten, daß sie sich und
ihren Angehörigen auch einmal ein wenig
Muße gönnen. Denn was nützen Erfolg und
Wohlstand schon, wenn man sich nicht die
Zeit nimmt, diese auch einmal zu genießen?

In Beziehungen verlangen sie ihrem Partner
ein hohes Maß an Toleranz ab. Das macht eine
Lebensgemeinschaft oder eine Ehe nicht einfacher. Nicht jeder ist dafür geschaffen, mit einem
derartigen Energiebündel umgehen zu können.
Wer es allerdings mit ihnen aushält, wird dafür
mehr als reichlich belohnt: In puncto Großzügigkeit und Hilfsbereitschaft kann so schnell
keiner mit ihnen mithalten.

12. bis 14.11. (20 bis 22 Grad Skorpion)

Wer an einem dieser Tage geboren wurde, für *Kontakt-*
den ist das Wort »Einsamkeit« scheinbar ein *freudigkeit*
Fremdwort. Diese Menschen brauchen bloß
vor die Tür zu gehen, und schon lernen sie jemanden kennen, oder sie treffen einen alten
Bekannten. Es scheint eine fast magische Aus-

*Ausstrah-
lung*

strahlung von ihnen auszugehen, so daß fast jeder, der mit ihnen in Berührung kommt, auch mit ihnen zu tun haben möchte. Dieser Effekt ist viel zu intensiv, als daß er ihnen verborgen bleiben könnte. Schon früh in ihrem Leben lernen sie, mit ihrer besonderen Ausstrahlung umzugehen: Wer auf sie zugeht, erhält eine freundliche, aber völlig unverbindliche Reaktion. Je mehr jemand den Kontakt zu ihnen sucht, um so geschickter entziehen sie sich. Dabei werden sie sich hüten, jemanden vor den Kopf zu stoßen oder ihm einfach zu sagen, daß sie an ihm nicht interessiert sind. Sie verstecken sich einfach immer mehr hinter ihrer äußeren Fassade. Damit werden sie natürlich stetig undurchschaubarer und geheimnisvoller und damit erst recht interessant und begehrenswert. Dieser Umstand öffnet ihnen alle Türen. Ob im Beruf oder im Privatleben, sie haben immer die richtigen Beziehungen, um das zu bekommen, was sie wollen. Insgeheim leiden sie jedoch auch darunter. Schließlich wollen sie sich beweisen, daß sie aus sich heraus, allein und ohne fremde Hilfe ihr Leben meistern und ihre ehrgeizigen Ziele erreichen können.

Doch wem die Tür geöffnet wird, der macht sich nur selten die Mühe, sie selbst wieder zu schließen, um sie anschließend einrennen zu können. So leidet mancher heimlich unter Minderwertigkeitsgefühlen, da ihm jede echte Selbstbestätigung fehlt: Es sind immer die anderen, die ihm Anerkennung geben. Doch was nützt das, wenn man sich dabei im Grunde seines Herzens wie ein Falschspieler vorkommt?

*Minder-
wertigkeits-
gefühle*

Sosehr sie vom Schicksal bevorzugt sind, so schwierig ist es auch, ihre Lebensaufgabe zu meistern: nämlich eine Persönlichkeit zu entwickeln, die sich Ziele setzt und erreicht, die nur allein zu meistern sind. Nur so läßt sich die Angst vor Intimität und emotionaler Nähe überwinden und echte Partnerschaftsfähigkeit erlernen.

15. bis 17.11. (23 bis 25 Grad Skorpion)

Wer an einem dieser Tage Geburtstag hat, ist meist eine echte Genießernatur. Die angenehmen Seiten des Lebens üben einen unwiderstehlichen Reiz auf die Betreffenden aus. Und wenn sie ehrlich sind, geben sie auch gern zu, daß sie gar kein Bedürfnis danach haben zu widerstehen. Allerdings sieht man vielen von ihnen ihre Vorliebe für gutes Essen und Trinken mit der Zeit auch an, ein Umstand, der sie nicht kaltläßt. Schließlich sind sie Ästheten, und sie wollen nicht nur schöne Dinge um sich herum haben, sie wollen selbst schön sein.

Genießer-natur

Ihre grundsätzliche Lebenseinstellung ist: Leben und leben lassen. Die meisten von ihnen sind erstaunlich gutmütig, es liegt ihnen kaum daran, in Wortgefechten zu obsiegen oder immer das letzte Wort zu behalten. Im Gegenteil: Sie sind beeinflußbar und immer bereit, sich von anderen inspirieren zu lassen. Wird ihre Gutmütigkeit allerdings allzu offensichtlich ausgenutzt, können sie zu Furien werden. Ehrgeiz plagt sie nur so lange, bis sie eine Lebenssituation geschaffen haben, in der sie es sich behaglich einrichten können. Ab dann bedeuten ihnen Freizeit und das Zusammensein mit Freunden mehr als gesellschaftliche Anerkennung, Karriere oder gar Ruhm.

Künstlerische Begabung

Häufig besteht eine künstlerische Begabung. Dies gilt vor allem für die Musik. So besitzen viele Kunst- und Musikkritiker diese Konstellation. Doch auch Feinschmecker und Weinkenner kommen besonders häufig vor. Viele von ihnen können selbst hervorragend kochen. Manche werden aktive Künstler, sei es in der Musik, der Malerei, der bildenden Kunst, dem Theater oder dem Tanz. In solchen Fällen kommt es häufig eher zufällig oder fast gegen ihren Willen zu einer Karriere: Wenn sie von einer Sache völlig begeistert sind, vergessen sie einfach ihren Hang zum bequemen Leben, und bei entsprechendem Talent stellt sich der Erfolg fast zwangsläufig ein.

18. bis 20.11. (26 bis 28 Grad Skorpion)

Geradlinigkeit

Die Menschen, die an diesem Tag geboren wurden, zeichnen sich fast immer durch eine besondere Geradlinigkeit aus. Sie leben nicht in den Tag hinein, sondern verfolgen hochgesteckte und ehrgeizige Ziele. Dafür sind sie auch bereit, Opfer in Kauf zu nehmen. Es ist nicht ungewöhnlich, daß sie bereits als Kinder oder Jugendliche wissen, welchen Beruf sie einmal ergreifen wollen; und was sie sich einmal in den Kopf gesetzt haben, das erreichen sie auch. Meist sind sie zurückhaltend und ernsthaft, so daß sie mancher leicht unterschätzt. Wer jedoch einen zweiten Blick riskiert, merkt schnell, daß ihnen einfach nichts daran liegt, sich vorteilhaft in Szene zu setzen. Immer geht es ihnen um die Sache und nicht um die Show.

So sind sie besser als andere Menschen in der Lage, Situationen sachlich zu beurteilen. Ungefragt werden sie ihre Ansichten nur selten mitteilen, aber es lohnt sich immer, sie danach zu fragen. Ihr ausgeprägter Gerechtigkeitssinn macht sie zu guten Anwälten – im wörtlichen und im übertragenen Sinne des Wortes. Wenn sie für eine gute Sache kämpfen, können sie eine unerwartete Begeisterungsfähigkeit und Überzeugungskraft entwickeln. In Verbindung mit ihrer Zähigkeit sind dies optimale Voraussetzungen, um ihren Interessen zum Durchbruch zu verhelfen. *Gerechtig-keitssinn*

Menschen, die in diesen Tagen geboren wurden, brauchen oft länger als andere, um persönliche oder berufliche Entscheidungen zu fällen, schließlich will alles bei ihnen genau überlegt sein.

Auch in Beziehungen lassen sie sich meist Zeit, bevor sie sich endgültig binden. Oft sind sie hier auch ein wenig schüchtern oder sogar unsicher. Wenn sie jedoch einmal ihr Herz verschenkt haben, sind sie treue und verläßliche Partner.

21. bis 23.11. (29 Grad Skorpion bis 1 Grad Schütze)

Menschen, die an diesen Tagen geboren wurden, sind oft leidenschaftlich und radikal in ihren weltanschaulichen Ansichten. Sie sind meist Idealisten, die sich insgeheim die Macht wünschen, ihre Mitmenschen zu ihrem Glück zwingen zu können. Für Ziele, die Ihnen lohnenswert erscheinen, sind sie sogar bereit, ihre finanzielle Absicherung und ihre Gesund- *Leiden-schaft* heit zu gefährden. So anerkennenswert dieser Wesenszug ist, derartige Schritte sollten doch extremen Ausnahmesituationen vorbehalten bleiben, die keine andere Lösung zulassen. Die *Aufgaben* Lernaufgabe und Herausforderung dieser Konstellation – die wie gesagt auch bei der Sonne in einem anderen Tierkreiszeichen auftreten kann – liegt in der Überwindung ihrer scheinbaren Widersprüchlichkeit.

Ein Beispiel soll dies verdeutlichen: Ein esoterischer Buchversand weigerte sich, das Werk eines bestimmten Astrologen zu vertreiben, mit dem Argument, der Autor würde andere bewerten – und das könne man nicht unterstützen. Was war in Wahrheit geschehen? Die Leiter des Buchversands hatten, ohne das geringste Schuldbewußtsein, dasselbe getan, was Sie dem Autor vorwarfen, sie hatten andere, nämlich in diesem Fall den schriftstellernden Astrologen, bewertet. Dieses Beispiel wurde gewählt, um die ansonsten recht schwierig in Worte zu kleidende Thematik dieser Konstellation anschaulich zu machen: Gerade indem man etwas besonders richtig machen möchte, macht man es falsch. Weil man zu sorgfältig vorgeht, entstehen Fehler. Da man niemanden bevorzugen will, tut man allen bitter unrecht. Die Beispiele ließen sich beliebig vermehren.

Sichtbar wird eine scheinbare Paradoxie, die ihren Ursprung in der uneingestandenen *Divergenz* Divergenz zwischen Anspruch und Wirklichkeit hat. Diese Menschen begreifen oft wesentlich mehr, als sie in ihrem praktischen Leben umsetzen können. Dies ist an und für sich nichts Besonderes, schließlich geht es uns allen in diesem Punkt mehr oder weniger so.

Im Unterschied zu Menschen, die diesen
Aspekt im Horoskop aufweisen, ist jedoch bei
den meisten von uns das Spannungsverhältnis
zwischen diesen beiden Polen geringer, oder
wir haben einfach nicht in gleichem Umfang
die Erwartung an uns, Anspruch und Wirklichkeit in Einklang zu bringen; wir können
unsere individuelle Widersprüchlichkeit leichter ertragen. Die Falle dieser Konstellation
liegt darin, daß wir die hohen Erwartungen an
uns selbst, denen wir leider nicht gerecht werden können oder auch wollen, auf andere
übertragen. Das heißt, wir sehen den Spreißel
im Auge unseres Gegenübers, aber nicht das
Brett vor dem eigenen Kopf.

Die Lösung des Problems ist sehr einfach:
Wir sollten uns selbst gegenüber die gleiche
Milde und Nachsicht aufbringen, mit der wir
anderen begegnen wollen. Zum zweiten sollten wir davon ausgehen, daß alles, was uns an
unseren Mitmenschen stört, Eigenschaften
sind, die uns selbst mehr oder weniger zu
eigen sind. Bevor wir von unserer Umwelt erwarten, daß diese sich ändert, sollten wir es
erst einmal damit beginnen, uns selbst zu ändern. Wenn wir erkennen, wie schwer dies ist,
werden wir anderen gegenüber eher nachsich-
tig sein können.

*Milde und
Nachsicht*

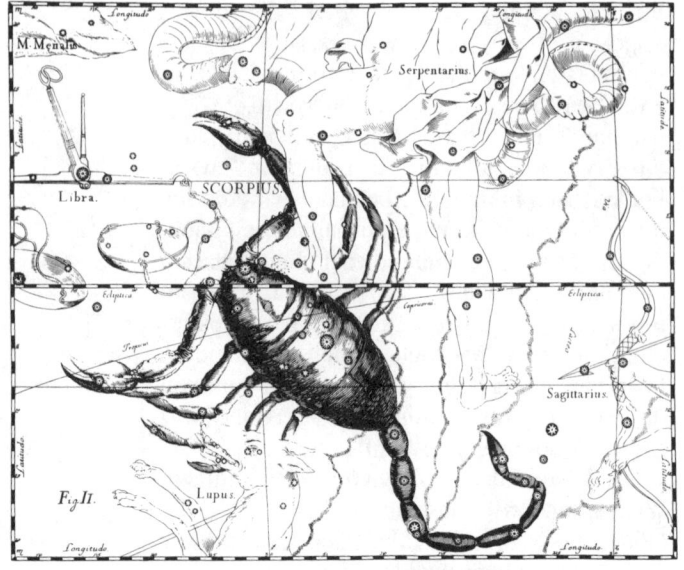

Welcher Mond-Typ ist der Skorpion?

Jeder Mensch hat neben seinem Sonnen- auch ein Mondzeichen. Das Zeichen, in dem die Sonne steht, spiegelt unser Handeln wider, während das Mondzeichen Auskunft über unser Gefühlsleben gibt. Sie können also zum Beispiel ohne weiteres gleichzeitig Skorpion-(-Sonne) und Krebs(-Mond) sein.

Gefühls-leben

Gerade wenn Sie einigen Aussagen zum typischen Skorpion gar nicht recht folgen können, sollten Sie einmal unter dem Mondzeichen des Betreffenden nachschauen. In vielen Fällen werden Sie hier die Erklärung finden, warum und in welcher Weise sie sich von anderen Skorpionen unterscheidet.

Für eine individuelle Horoskopdeutung ist das Mondzeichen eigentlich noch wichtiger als das Sonnenzeichen. Der Grund, warum das Mondzeichen längst nicht so bekannt ist und dementsprechend auch nicht ausreichend gewürdigt wird, liegt wie gesagt einfach an einem technischen Problem: Während Sie Ihr Sonnenzeichen leicht über Ihr Geburtsdatum feststellen können, ist dies beim Mondzeichen nicht so einfach.

Individuelle Horoskop-deutung

Hier wurden bisher Spezialtabellen, sogenannte Ephemeriden, benötigt, oder man bediente sich eines Computerprogramms. Mit Hilfe der Tabelle im Anhang (»Die Bestimmung des Mondzeichens«) können Sie allerdings sehr leicht das persönliche Mondzeichen des Skorpions feststellen.

Widdermond

Energisches Temperament

Die Kombination von Sonne im Skorpion und Mond im Widder weist auf ein außergewöhnlich energisches Temperament hin, das mit der Fähigkeit verbunden ist, in fast allen wichtigen Lebenssituationen trotz heftiger seelischer Stürme überlegt zu handeln. Dadurch werden viele Fehler vermieden, die sich ergeben würden, wenn diese Menschen ihren spontanen Stimmungen nachgäben. Wenn sie allerdings einmal die Selbstbeherrschung verlieren, dann gründlich. Es gibt in diesem Fall kaum noch eine Möglichkeit, sie zu stoppen. Im Affekt werden dann manchmal Dinge gesagt und getan, die man später lieber ungeschehen machen würde. Zum Glück kommen solche Situationen nicht allzuoft vor.

Eigenverantwortung

Wer unter dieser Zeichenkombination geboren wurde, hat erkannt, daß er für sich und seine Handlungen selbst verantwortlich ist. Doch er weiß auch, daß er sich auf die Unterstützung von Freunden und Bekannten verlassen kann, wenn er diese wirklich benötigt. Umgekehrt können auch die Menschen in seiner Umgebung in schwierigen Situationen auf ihn zählen.

Das macht den Umgang mit ihm in aller Regel angenehm, trotz seiner Ecken und Kanten, denn nichts ist ihm peinlicher, als anderen zur Last zu fallen. Nur selten werden Menschen mit dieser Konstellation andere für eigene Fehler verantwortlich machen, und so nehmen sie es auch gelassen hin, wenn Mitmenschen, die ihnen nicht allzu nahe stehen, über ihren Eigensinn gelegentlich den Kopf schütteln. Schließlich ist es ihr Leben, und sie sind nicht auf der Welt, um es allen recht zu machen.

Die entwickelten Persönlichkeiten unter ihnen zeichnen sich durch besondere Hilfsbereitschaft aus, die sie nicht an die große Glocke hängen, sie erwarten auch keinen besonderen Dank dafür. Gerade in schweren Krisen fällt es ihnen selbst nicht leicht, Hilfe anzunehmen. Sie haben an sich den Anspruch, mit allen Problemen des Lebens aus eigener Kraft fertig zu werden, und sind deshalb oft zu stolz, andere um Rat oder gar um finanzielle Unterstützung zu bitten.

Hilfsbereitschaft

Kein Mensch kann ohne andere bestehen. Manche Widdermond-Geborene begehen den Fehler, sich immer und ausschließlich auf sich selbst zu verlassen, und übersehen dabei, daß sie keines ihrer Ziele ohne die Unterstützung und Mithilfe anderer erreichen können. Im Extremfall kann hier aus Unabhängigkeit sogar Ignoranz werden. Diese Menschen wollen keinen Rat akzeptieren, auch dann nicht, wenn er von wohlmeinender und berufener Stelle ausgesprochen wird.

In den meisten Fällen führen private und berufliche Krisen schließlich zu der Einsicht, daß ein Weiterkommen nur dann möglich ist, wenn das Wissen und Können anderer in das eigene Leben mit einbezogen wird. Doch gerade bei außergewöhnlich starken Persönlichkeiten kann es passieren, daß sie sich so lange ausschließlich auf sich selbst verlassen, bis sie sich in eine derart aussichtslose Lage manövriert haben, daß eine sinnvolle Lösung kaum noch möglich ist.

Heraus-
forderung

Die größte Herausforderung für Widder-mond-Geborene ist zweifellos das Erlernen echter Begegnungsfähigkeit. Fühlen und Handeln sind hier oft so widersprüchlich, daß man Schwierigkeiten hat, sich selbst zu verstehen. Um so schwerer fällt es dann, auf andere angemessen zuzugehen. Partnerschaft, Freundschaft und Familie können nicht mit dem gleichen Mißtrauen und Konkurrenzbewußtsein angegangen werden wie das übrige Leben.

Offenheit
und
Vertrauen

Hier gilt es, echte Offenheit und Vertrauen zu erlernen. Nur das Bemühen um diese Fähigkeiten schafft die Möglichkeit für ein zufriedenes und ausgeglichenes Leben.

Für diese Menschen ist es eine echte Lernaufgabe, zu begreifen, daß es kein Zeichen der Schwäche ist, zuzugeben, wenn man einmal mit seinem Latein am Ende ist, im Gegenteil. Unbewußt haben sie Angst, aus ihrem Freundes- und Bekanntenkreis ausgeschlossen zu werden, wenn man ihnen anmerkt, daß sie Hilfe benötigen. Diese Sorge ist unbegründet. Die Menschen, die sie selbst immer wieder unterstützt haben, werden sich freuen, wenn sie sich revanchieren können. Gerade bei der Widder-Mond-Skorpion-Sonne-Konstellation kommt es häufig zu Erkrankungen des Verdauungsapparates, wenn man beständig seine Sorgen »in sich hineinfrißt«.

Stiermond

Bei dieser Konstellation kommen unüberlegte und impulsive Handlungen kaum vor. Weder

Stier noch Skorpion sind Zeichen, die zu un-
überlegtem Tun neigen. Bevor sie handeln, untersuchen sie die Dinge auf ihren praktischen
Nutzen, ist ein solcher nicht erkennbar, werden sie erst gar nicht aktiv.

Stiermond-Geborene haben im allgemeinen
ein gutes Verhältnis zum Geld. Wann immer es *Geld*
möglich ist, werden sie darauf achten, daß sie
mehr einnehmen, als sie ausgeben. Deshalb gelingt es ihnen auch, sich in guten Zeiten nen-
nenswerte Ersparnisse zurückzulegen. Bei
manchen Stiermond-Geborenen mag die Spar-
samkeit übertriebene Züge annehmen. Allerdings gibt es hier auch den Gegentyp. Bei diesem besteht häufig eine Tendenz zu riskanten
Spekulationen und windigen Geschäften, die
angeblich über Nacht riesige Gewinne bringen
sollen. Solche Aktionen können sie sehr viel
Lehrgeld kosten oder gar um ihr Vermögen
bringen. Wenn sie haben, was sie wollen, tun
sie alles, um es nicht wieder zu verlieren, denn
einmal erlangte Vorteile gilt es zu erhalten und
zu mehren.

Die Praxis hat gezeigt, daß viele erfolgreiche
Immobilienmakler diese Konstellation besitzen sowie Angehörige aller Berufe, die mit
dem Verwalten oder dem An- und Verkauf von
Grundbesitz zu tun haben.

Wissen, das nicht konkret anwendbar ist,
interessiert Stiermond-Geborene nur in den
seltensten Fällen. Umgekehrt sind sie in der
Lage, auch scheinbar völlig verkopfte Theo-
rien oder Einstellungen in die Praxis umzusetzen.

Viele besitzen ein auffällig gutes Gedächt- *Gutes*
nis, das scheinbar jeden Eindruck, jeden Ge- *Gedächtnis*

dankengang archiviert und allzeit zum Abruf bereit hält.

Ihr Engagement für ihre Freunde, für Familie und Bekannte ist in vielen Fällen be-

Engage- eindruckend. Vor allem für sozial Schwache
ment und Gestrauchelte setzen sie sich ein, ohne dabei Rücksicht auf die öffentliche Meinung zu nehmen. Wenn es um Menschen oder Menschlichkeit geht, interessieren sie Ideologien und Dogmen überhaupt nicht mehr. Instinktiv ist ihnen der Unterschied zwischen persönlichen Ansichten und praktischen Notwendigkeiten bewußt. Inhumanes Verhalten oder sklavisches Festhalten an bürokratischen Vorschriften kommen bei ihnen nur in den seltensten Fällen vor.

Keine andere Mond-Konstellation weist so viel angeborene Sinnlichkeit und Genußfähigkeit auf wie diese. Essen, Trinken, geselliges Beisammensein und nicht zuletzt die Sexualität können intensiv genossen werden. Aus dieser lebensfrohen Einstellung zieht man die Kraft, um auch mit den schwierigen Situationen des Lebens zurechtzukommen.

Wenn auch nicht alle, so besitzen doch viele
Humor Stiermond-Geborene einen umwerfenden Humor, der meist bodenständig bis derb ist. Zumindest aber ist ein gewisser »Mutterwitz« vorhanden, der es ihnen leichtmacht, Spannungssituationen die Spitze zu nehmen.

Der größte denkbare Hemmschuh für eine weiter gehende Persönlichkeitsentwicklung ist der Hang zum Opportunismus. Das eigene Fähnchen wird immer nach dem Wind ausgerichtet, der den größten Geldsegen verspricht, ohne sich dabei von moralischen oder ethi-

schen Problemen allzusehr irritieren zu lassen. Als Konsequenz verlieren alle Dinge im
Leben ihren persönlichen Wert, und auch der
größte materielle Erfolg kann nicht mehr be-
friedigen. Wer die Sonne im Krebs hat, läuft allerdings kaum Gefahr, dieser verhängnisvollen
Versuchung zu erliegen.

Stiermond-Geborene sind wahrhafte Über-
lebenskünstler, deren Bodenständigkeit sie
auch mit den schwierigsten Krisen im Leben
zurechtkommen läßt. Es gelingt ihnen jedoch
nur unter größten Anstrengungen, freiwillig
Opfer zu bringen, auf etwas zu verzichten
oder finanzielle Einbußen in Kauf zu nehmen.
Hier muß gelernt werden, daß auch geistige
Werte kostbar sind, und zwar in vielen Fällen
weitaus mehr als die materiellen. Erst wenn
man sich moralische, ethische oder religiöse
Prinzipien zu eigen gemacht hat, nach denen
das Leben ausgerichtet werden kann, ist es
möglich, materiellen Wohlstand wirklich zu
schätzen.

*Überlebens-
künstler*

Wer mit dem Mond im Tierkreiszeichen
Stier geboren wurde, muß lernen, daß es in
diesem Leben keine endgültige Sicherheit
und keine absolute Gewißheit gibt. Nur so
können Existenzängste überwunden und Lebensfreude sowie Genußfähigkeit voll ent-
wickelt werden. Diese Menschen reagieren
besonders sensibel auf die Mondphasen, vor
allem auf den Vollmond. An solchen Tagen
sollten riskante Unternehmungen nach Möglichkeit gemieden werden. Dazu gehören
auch Operationen. Die Reaktion auf Alkohol,
Medikamente oder Drogen kann verändert
sein.

*Lebens-
freude*

Zwillingsmond

Gute Ver-
handlungs-
partner

Es gibt keine besseren Verhandlungspartner als Menschen mit dem Mond in den Zwillingen. Wenn Sie jemanden brauchen, der Ihnen hilft, einen anderen von einer Sache zu überzeugen, suchen Sie sich jemanden mit dieser Konstellation. Er kann Positionen glaubhafter vertreten, von denen er im Grunde nicht die geringste Ahnung hat, als mancher Experte.

Nichts macht einen Menschen mit dieser Konstellation glücklicher, als wenn er sich anderen mitteilen kann, sei es mündlich oder schriftlich. Da er mehr Gedanken zu vermitteln hat, als ein normales Gegenüber verkraften kann, schafft hier nur ein großer Freundeskreis oder ein passender Beruf Abhilfe. So nimmt es nicht wunder, daß viele mit dieser Konstellation erfolgreich und gern einer Lehrtätigkeit nachgehen.

Sportliche
Begabung

Die wenigen Zwillingsmond-Geborenen, die nicht zum Typus des Kommunikationsathleten gehören, verfügen oft über eine außerordentliche sportliche Begabung. Für diese Menschen ist regelmäßiges Training häufig die Voraussetzung für ihr seelisches und körperliches Gleichgewicht, da für ihre überschießende physische Energie und ihre permanente seelische Anspannung auf diese Weise ein Ausgleich geschaffen wird. Die Praxis hat gezeigt, daß Menschen mit dieser Konstellation oft an Allergien, insbesondere im Atemwegsbereich leiden, die durch einen solchen Ausgleich bis hin zur Beschwerdefreiheit gemildert werden können. Die

Mehrzahl der Zwillingsmond-Geborenen ist künstlerisch veranlagt und verfügt über große rhetorische sowie analytische Fähigkeiten. Nicht wenige von ihnen sind auch berufene Naturwissenschaftler.

Vor allem bei Themen, die sie nicht unmittelbar persönlich betreffen, können sie außergewöhnlich unvoreingenommen das Für und Wider unterschiedlicher Standpunkte abwägen. Das macht sie zu beliebten Diskussionspartnern und ausgezeichneten Schlichtern in Auseinandersetzungen.

Die Gabe, in Wort und Schrift allgemeinverständlich und überzeugend sein zu können, wird von ihnen häufig als so selbstverständlich erlebt, daß sie dies – völlig zu Unrecht – oft überhaupt nicht mehr als persönlichen Vorzug empfinden. *Überzeugungskraft*

Menschen mit einem Zwillingsmond und der Sonne im Skorpion erfreuen sich in der Regel eines besonders intensiv gepflegten und zuverlässigen Freundeskreises. Sie haben häufig bis ins hohe Alter hinein eine jugendliche Ausstrahlung und überraschen ihre Umgebung durch spontane Einfälle und Vorschläge.

Sie lieben die Beweglichkeit, sei es im geistigen oder im körperlichen Bereich. Begeisterungsfähigkeit und Spontaneität gehören zu ihren sympathischsten Eigenschaften, die man bei ihnen auch keinesfalls unterdrücken sollte, da sie sonst mit Krankheit und Depression reagieren können.

Viele Zwillingsmond-Geborene laufen Gefahr, ihr gesamtes Leben auf der Überholspur zu verbringen. Da bleibt kaum Zeit, sich mit jemandem oder etwas wirklich intensiver zu beschäftigen. Auch Fingerspitzengefühl und Rücksichtnahme müssen zurückstehen, wenn es um die Sache geht. Wer nicht gelernt hat, sich genügend Zeit für Freunde und Partner zu nehmen, läuft Gefahr, oberflächlich und gefühlskalt zu werden. Skorpion-Sonne-Zwillinge-Mond-Geborene müssen lernen, auf ihre Instinkte zu hören, damit sie diesen Tendenzen rechtzeitig gegensteuern.

Aufgaben   Die größte Herausforderung für Zwillingsmond-Geborene ist das Erlernen der Fähigkeit, aus ihrer immensen Vielseitigkeit echte Toleranz zu entwickeln. Es erfordert wahrhaft Größe, andere Ansichten als die eigenen wirklich gelten zu lassen und nicht nur gönnerhaft zu ertragen. Partnerschaft, Freundschaft und Familie sollten nicht mit »wissenschaftlichem« Verstand angegangen werden. Hier sind Weitsicht, Muße und Offenheit notwendig. Die Auseinandersetzung mit religiösen und weltanschaulichen Themen kann dabei außerordentlich nützlich sein. Denn nur wer in seinem Leben einen tieferen Sinn erkennt, vermag auch wirklich »zu-frieden« zu sein.

Krebsmond

Gutmütig-keit   Neben den Fischemond-Geborenen sind dies die gutmütigsten Vertreter ihres Tierkreiszeichens. Solange Sie die Gefühle des Krebsmonds nicht verletzen und er im Gegenzug die Ihrigen nachvollziehen kann (und es gibt nur wenig, wofür ein Krebsmond nicht Verständnis aufbringen könnte), wird er sich nicht einmal wehren, wenn sie ihm die Haare vom Kopf fressen. Die größte Dummheit, die Sie begehen können, ist, ihn deshalb für einen naiven Trottel zu halten. Sie müssen überhaupt nichts tun, es reicht völlig aus, wenn Sie so etwas denken: Er wird es merken. Und die Folgen für Sie sind meist furchtbar. Ehe Sie sich versehen, hat er Sie an allen Ihren wunden Punkten gleichzeitig getroffen, an allen, die Sie schon kannten und sorgsam zu verstecken suchten, und einigen mehr, von denen Sie bis jetzt noch gar nichts wußten. Der Krebsmond ist der Gefühlsseismograph unter den Tierkreiszeichen, keine seelische Regung in seiner Umgebung entgeht ihm, und er merkt sie sich alle.

Sensibilität

Solange Sie seine Gefühle nicht verletzen, haben Sie, wie gesagt, den gutmütigsten Menschen der Welt vor sich, andernfalls seziert er Ihr Selbstwertgefühl wie ein Metzger ein Filetstück.

Allzusehr sollten Sie sich durch diese Darlegungen nicht erschrecken lassen, denn Krebsmond-Geborene sind nicht nachtragend. Sobald Sie Ihren Fehler eingesehen haben, sind diese die ersten, die bereit sind, das Ganze zu vergessen.

Wenn Sie einen solchen Menschen von etwas überzeugen oder zu einer Sache überreden wollen, werden Sie mit den üblichen Argumenten eher wenig ausrichten. Falls er sich nicht gerade in großen finanziellen Schwierigkeiten befindet, wird Geld allein ihn kaum umstimmen können. Auch Prestige, sozialer Status oder Abenteuerlust werden für ihn nur selten bestimmende Motive sein. Wenn Sie jedoch glaubhaft machen können, daß andere ohne die Hilfe und Unterstützung des Krebsmondes aufgeschmissen wären, wird ihm ein *Soziales* »Nein« ausgesprochen schwer fallen. Sein so *Gewissen* ziales Gewissen ist viel zu ausgeprägt, als daß er leichten Herzens andere in der Patsche sitzenlassen könnte. Aber vergessen Sie niemals: Wenn Sie mit den Gefühlen eines Krebsmondes spielen, geht der Schuß fast immer nach hinten los!

Menschen mit dieser Konstellation sind häuslich: Die Geborgenheit in der Familie und der Schutz in den eigenen vier Wänden liegen ihnen ganz besonders am Herzen. Unter ihnen finden sich die besten Köche, die es überhaupt gibt. So sind sie denn auch bereit, alle Vorschläge genau zu prüfen und zu überdenken, die ihrer Familie nutzen oder ihre Wohnsituation entscheidend verbessern können.

Krebsmond-Geborene sind in ihrer persönlichen und beruflichen Umgebung aufgrund *Einfüh-* ihres Einfühlungsvermögens oft außerordent *lungs-* lich beliebt, ohne daß sie darum viel Aufhe *vermögen* bens machen würden. Im Gegenteil: Meist ist ihnen gar nicht bewußt, wie gut sie bei anderen ankommen. Mehr als andere Skorpione neigen sie zu Selbstzweifeln, die sie jedoch in der Regel konstruktiv nutzen, um sich selbst immer wieder zu besonderen Leistungen zu motivieren. Mit Durchschnittlichkeit und Mittelmaß werden sie sich – bei sich selbst – niemals zufriedengeben. Sie neigen dazu, von sich selbst mehr zu verlangen als von anderen. In dieser Hinsicht sind sie auch die idealen Vorgesetzten. Sie werden kaum zu denjenigen gehören, die während der Arbeitszeit Golf

spielen gehen, während sie von ihren Mitar-
beitern höchstes Engagement fordern. Typischer für sie ist, daß sie morgens als erste die
Firma betreten, um sie abends als letzte zu
verlassen. Das hat natürlich für die Mitarbeiter
Vorbildfunktion und spornt sehr viel mehr an
als etwa eine drohende Entlassung oder eine
Gehaltskürzung. Aber auch als Mitarbeiter
werden sie ihr Bestes geben und sich weit über
das verlangte Maß für ihre Tätigkeit engagieren, wenn man ihnen die Möglichkeit gibt,
sich mit ihrer Aufgabe, ihren Kollegen und
dem Konzept des Betriebes zu identifizieren.

Niemand kann bei außergewöhnlicher Be-
gabung so beliebt und populär sein wie ein *Beliebtheit*
Krebsmond-Geborener. Bei allen anderen Konstellationen ist Anerkennung mit Neid und
»Volkstümlichkeit« mit einem Mangel an Niveau verknüpft. Daß dies hier anders ist, hängt
vielleicht damit zusammen, daß jeder ihnen
anmerkt, wie hart sie für ihren Erfolg gearbei-
tet haben und wie ehrlich sie sich über ihn
freuen können.

Boris Becker etwa löste mit seinem ersten *Prominente*
Wimbledon-Sieg eine derartige Begeisterung *Beispiele*
aus, daß Tennis völlig unerwartet zum Volks-
sport wurde. Thomas Mann schuf mit den
Buddenbrooks ein Stück Weltliteratur, als er
gerade mal Anfang Zwanzig war.

Claude Debussy ist neben Ravel der bedeut-
samste impressionistische Komponist. Eine
ähnliche Vorreiterrolle, wie sie Debussy in der
klassischen Musik spielte, nahm Jimi Hendrix
in der Popmusik ein. Niemals zuvor spielte jemand die »elektrische« Gitarre in einem solchen Maße als eigenständiges Instrument. Bei

einem entsprechenden Entwicklungsniveau sind beim Krebsmond also außergewöhnlicher Ehrgeiz und oft auch künstlerische Begabung vorhanden. Erfolg und Popularität sind das häufige Ergebnis besonderer Anstrengungen und immenser Kreativität.

Jede Fähigkeit ist auch eine Bürde: Wer über viel Phantasie und Kreativität verfügt, wird Schwierigkeiten haben, sich für langfristige Ziele zu entscheiden. Es fällt schwer, konsequent bei einer Sache zu bleiben, wenn wir ständig neue und interessante Ideen haben. In psychologischer Hinsicht sind Selbstdisziplin und schöpferische Begabung Gegensätze. Doch *Aufgaben* nur wer lernt, sich aus der Vielzahl seiner Wünsche und Möglichkeiten auf einige wesentliche Themen zu beschränken, kann Außergewöhnliches leisten. Nahezu alle erfolgreichen Krebsmond-Geborenen haben schon frühzeitig auf ein einziges Ziel hingearbeitet.

Löwemond

Diese Konstellation hat viele Vorzüge, die die darin Geborenen mit besonderen Fähigkeiten ausstatten. Sie lernen schneller und leichter *Besondere* als andere. Häufig besitzen sie eine besondere *Fähigkeiten* Sprachbegabung und fast immer kaufmännisches Talent. Niemand kann so gut wie sie in einer Gruppe von Menschen unterschiedlichster Herkunft und verschiedenen Temperaments eine angenehme Atmosphäre schaffen. Es gibt kaum bessere Gastgeber als sie. Selbst den formellsten Veranstaltungen können sie noch eine persönliche und menschliche Note geben. Das wissen sie selbst besser als alle anderen, und genau das ist ihr Problem: Unabhängig davon, wieviel Lob und Anerkennung man ihnen entgegenbringt, sie fühlen sich mißverstanden und unterbewertet. Zu Recht wollen sie für ihr Können und ihre Leistungen anerkannt und respektiert und nicht nur einfach »nett« gefunden werden. Hier können manchmal sogar Primadonnenallüren auftreten, womit sie in ihrer Umgebung auf Unverständnis stoßen.

Im Bereich der Gefühle reagieren sie immer heftig und intensiv, das gilt natürlich auch, wenn sie sich enttäuscht und verletzt fühlen, obwohl sie im Normalfall viel zu stolz sind, sich eine Kränkung anmerken zu lassen. In der Regel ist es dann Aufgabe des Partners, das angeschlagene Selbstwertgefühl wiederaufzubauen.

Dabei handelt es sich um ausgesprochen begeisterungsfähige Persönlichkeiten, die lediglich eine Aufgabe benötigen, für die sie sich mit all ihrer Kraft einsetzen können. Werden sie entsprechend gefordert, legt sich auch ihr Hang zur Unzufriedenheit, und sie sind zu außerordentlichen Leistungen fähig. Fast wie die Luft zum Atmen brauchen sie Herausforderungen, die sie zwingen, über sich selbst hinauszuwachsen. Ist dies der Fall, braucht man sich über ihr irritierbares Selbstwertgefühl keine Sorgen mehr zu machen, schließlich stellen sie sich jetzt selbst ständig ihre Fähigkeiten unter Beweis und können die Ignoranz ihrer Umgebung entsprechend gelassener nehmen.

Begeisterungsfähigkeit

Warm-
herzigkeit

Die meisten Menschen mit dieser Konstellation wirken ausgesprochen warmherzig und
spendabel. Das führt allerdings oft zu peinlichen Mißverständnissen, da ihre grundsätzliche Freundlichkeit von ihrem Gegenüber wesentlich persönlicher genommen wird, als sie
gemeint ist. Das heißt nichts anderes, als daß
viele schnell dem Irrglauben erliegen, daß der
Löwemond ein mehr als nur freundschaftli-
ches Interesse an ihnen hat. So wiegt sich
mancher in der falschen Sicherheit, das Herz
eines Sonne-Skorpion-Mond-Löwe-Menschen
für sich gewonnen zu haben, während dieser
möglicherweise Probleme damit hat, sich auch
nur an ihn zu erinnern. Glücklicherweise lernen die meisten im Laufe der Jahre ihre Wirkung auf ihre Umgebung angemessener einzu-
schätzen, so daß derartige, für beide Seiten
peinliche Mißverständnisse seltener werden.

Was sie sich allerdings nur in den seltensten
Fällen abgewöhnen können, ist die Neigung,
ihre Umgebung, insbesondere natürlich Menschen, die ihnen am Herzen liegen, von den
Dingen überzeugen zu wollen, die sie für sich
selbst als hilfreich und nützlich erkannt haben.
Dabei ist es unerheblich, ob es sich um eine
neue Nachtcreme, eine bestimmte Gesund-
heitskur oder eine spezielle Musik-CD handelt.
Von dieser Neigung lassen sie auch nicht durch
die recht häufige und natürlich enttäuschende
Erfahrung ab, daß die meisten Menschen ihre
persönlichen Vorlieben nur bedingt teilen.

Lebens-
hunger

Löwemond-Persönlichkeiten zeichnen sich
durch einen besonderen Lebenshunger aus,
dem sie nachgehen, wann immer sich eine
Möglichkeit dazu bietet. So gibt es kaum etwas

Menschliches, das ihnen fremd ist, und falls doch, streben sie nach einer Gelegenheit, es so schnell wie möglich auszuprobieren.

Keine andere Mond-Konstellation bietet die Chance zu einem so ausgeprägten Charisma *Charisma* wie diese. Insbesondere Damen mit dem Mond im Löwen können eine Anziehungskraft auf das andere Geschlecht ausüben, für die eine vernünftige Erklärung nicht mehr ausreichend ist. Allen ist das Bedürfnis gemeinsam, von ihrem Umfeld anerkannt und respektiert zu werden, auch gegen ein wenig Bewunderung haben sie selten etwas einzuwenden. Kein anderes Tierkreiszeichen besitzt so viel natürliche Autorität wie dieses, und entwickelte Persönlichkeiten werden diesem Anspruch auch gerecht. Solange man sie nicht in Frage stellt, setzen sie sich mit allen ihnen zur Verfügung stehenden Mitteln für ihre Mitmenschen ein, besonders für Kinder. Wenn sie es sich leisten können, sind sie die großzügigsten Gastgeber und freigebigsten Gönner, die man sich nur vorstellen kann.

Die größte Gefahr für Löwemond-Geborene ist ohne Zweifel ihre Eitelkeit und ihre Selbst- *Eitelkeit* bezogenheit. Dieses Risiko wird durch die Sonne im Skorpion manchmal in eine skurrile Richtung geändert. Im ungünstigsten Fall werden sie zu einem sich in Selbstliebe verzehrenden Narziß, der keinerlei emotionale Beziehungen zu seinen Mitmenschen pflegen kann. Aus Großzügigkeit wird Neid und Geiz, aus überschäumender Lebensfreude Verbitterung, aus Risikobereitschaft Selbstzerstörung. Kaum jemand kann und will sein ganzes Leben lang ausschließlich im Mittelpunkt stehen. So

groß die Strahlkraft des einzelnen auch sein
mag, es kommt doch der Tag, an dem andere
den Platz einnehmen, den man für den eigenen hielt. So fällt es Löwemond-Geborenen
besonders schwer, mit dem Nachlassen von
Kräften und Fähigkeiten im allgemeinen und
den Symptomen des Alterns im besonderen
zurechtzukommen. Das Tierkreiszeichen, das
Vitalität, Lebendigkeit sowie Lebensfreude
schlechthin repräsentiert, bringt keine Menschen hervor, die sich mit dem Schwinden ihrer
Energie so ohne weiteres abfinden können.

Es ist eine triviale, aber sehr schmerzhafte
Erkenntnis, daß wir alle einmal Jüngeren und
Besseren Platz machen müssen. So ist es für
Löwemond-Persönlichkeiten eine besondere
Heraus- Herausforderung, intensiv in der Gegenwart
forderung zu leben und gleichzeitig in Würde zu altern.
Hier kann eine innere Reife entstehen, die ein
noch größeres Feuer ausstrahlt, als es die Kraft
der Jugend vermag.

Jungfraumond

Wenn Sie einen Skorpion-Menschen kennen-
Schlag- lernen, der Sie durch eine auffallend schlagfer-
fertigkeit tige Reaktion auf eine besonders ungewöhnliche Situation beeindruckt, und dieser Ihnen
anschließend erklärt, das Ganze wäre weiter
keine Kunst, schließlich hätte er sich schon
vor langer Zeit einen Plan zurechtgelegt, wie er
in einer solchen Lage reagieren würde, dann
kann es sich nur um einen Jungfraumond handeln (andernfalls steht der Mond im sechsten

Haus). Diese Menschen besitzen eine unbe-
grenzte kreative Phantasie, was die Bewälti-
gung aller möglichen und unmöglichen Herausforderungen des Lebens angeht, und sie
verfügen über ein hervorragendes Gedächtnis.
So sind denn auch Planspiele ihre große Leidenschaft, unabhängig davon, ob sie Monopoly
spielen, alte Schlachten im Sandkasten nach-
stellen oder sich vor dem Einschlafen überlegen, wie sie ihren Chef von der längst überfäl-
ligen Gehaltserhöhung überzeugen können.

Manche Menschen haben jede Menge Ideen,
wie sich die Probleme des Alltags besser be-
wältigen ließen. Andere verfügen über praktischen Verstand und Handlungsenergie. Sonne-
Skorpion-Mond-Jungfrau-Menschen besitzen
beides in reichlichem Maße. Ihr großer Vorteil
ist dabei, daß sie ihre Möglichkeiten meistens
realistisch einschätzen. Sie neigen weder zu
Größenwahn noch zu falscher Bescheiden-
heit. Und sie werden niemals versuchen, etwas
durchzusetzen, von dem sie nicht zutiefst
überzeugt sind, daß es einer guten Sache dient
oder ihnen einfach zusteht. Viele hervorragen-
de Händler und Spitzenverkäufer besitzen
diese Konstellation. Die einzige Bedingung für
ihren Erfolg ist, daß sie selbst von der Qualität
des Produktes vollkommen überzeugt sein
müssen.

Praktischer Verstand

Fast jeder kennt den beliebten Verkaufs-
trick, wenn ein Kunde unschlüssig ist. Der Verkäufer meint einfach: »Das Gerät ist das beste,
ich habe es selbst zu Hause.« Die meisten Käufer lassen sich auf diese Weise überzeugen, unabhängig davon, ob der Verkäufer die Wahrheit
gesagt hat oder nicht. Wenn Ihnen ein Jung-

Ehrlichkeit

fraumond-Geborener so etwas sagt, können Sie sicher sein: Es ist die Wahrheit. Und er wird Ihnen nicht nur auseinandersetzen, daß er dieses Gerät hat, sondern Ihnen aus dem Effeff sämtliche Vorteile gegenüber Konkurrenzprodukten auflisten können. Folgen Sie seiner Empfehlung, wird er sich innerlich für Sie freuen, wenn Sie den Laden verlassen, und sich nicht etwa ins Fäustchen lachen, wie geschickt er mal wieder einen naiven Kunden übers Ohr gehauen hat. Menschen mit dieser Konstellation sind also »ehrliche Makler«, und wer einmal auf ihren Rat gehört hat und gut damit gefahren ist, wird sich gern bei der nächsten Gelegenheit wieder an sie wenden.

Neben der häufig vorhandenen kaufmännischen Begabung kommen hier auch schriftstellerisches Talent sowie die Eignung für technische Berufe vor. Eine Reihe exzellenter Ingenieure und Architekten besitzen diese Konstellation.

Zuver-
lässigkeit

In Partnerschaften sind diese Menschen treu und zuverlässig, solange sie das Gefühl haben, sich auf ihr Gegenüber blind verlassen zu können. Allerdings ist ihr Sinn für das Praktische der Romantik nicht eben förderlich. Man sollte nicht den Fehler begehen und jedes gemeinsame Ausgehen als »Investition in die Beziehung« betrachten und Partner als »das beste Geschäft« ansehen, das man je gemacht hat. Kein Mensch mag es, wenn er wie eine Sache betrachtet wird, auch nicht, wenn es sich dabei um eine ausgesprochen gute Sache handelt.

Entwickelte Jungfraumond-Persönlichkeiten verfügen über eine außerordentliche emotionale Beweglichkeit und Reaktionsfähigkeit. Besonders Begabte sind hier zum Schriftsteller oder Schauspieler berufen, da niemand über eine genauere Beobachtungsgabe verfügt als sie. Die meisten der Jungfraumond-Geborenen können Entwicklungen voraussehen und auf sie reagieren, bevor andere diese auch nur erahnen können. Es gibt nicht viele, denen es gelingt, ihnen etwas vorzumachen. Keine andere Tierkreiszeichenposition des Mondes repräsentiert einen derart untrüglichen Sinn für das Machbare. Solche Persönlichkeiten verstehen es, aus jeder Situation das Beste herauszuholen. In Sachfragen, insbesondere natürlich in ihrem Spezialgebiet, sind sie oft so kompetent, daß ihre Meinung und ihr Rat auch von Gegnern ernst genommen und respektiert werden. Was ihnen möglicherweise an Kreativität fehlt, machen sie durch Effektivität mehr als wett.

Jungfraumond-Geborene besitzen die natürliche Fähigkeit, vorgegebene Situationen so gut wie möglich zu nutzen. Dabei besteht die Gefahr, sich mit unzumutbaren Umweltbedingungen zu arrangieren, ohne den Versuch zu unternehmen, diese zu verändern. Wer in einem Haus ohne Heizung lebt, sollte vielleicht nicht nur Yoga-Übungen machen, um die Kälte leichter ertragen zu können, sondern sich einen Ofen besorgen oder einfach umziehen. Anpassungskünstler übersehen manchmal, daß es Umstände gibt, mit denen man sich besser nicht arrangieren sollte. *Anpassungsfähigkeit*

Die größte Herausforderung für Jungfraumond-Geborene ist das Erlernen der Fähigkeit, ein wenig offenherziger und verschwenderischer mit ihren Gefühlen zu werden. Allzuviel Sachlichkeit und praktischer Verstand machen auch Freundschaften und das Liebesleben zu einer eher trockenen Angelegenheit. Erst wenn wir gelernt haben, unseren Mitmenschen intensiv zu zeigen, was wir für sie empfinden, ist ein wirklich erfülltes Leben möglich.

Waagemond

Skorpion-Geborene brauchen die Gesellschaft anderer. Wenn zusätzlich ihr Mond in der Waage steht, könnten sie allerdings Schwierigkeiten haben, auch nur einige Tage allein zu verbringen. So gern, wie sie sich ihre Eigenständigkeit beweisen, sind sie doch noch mehr von der Zustimmung anderer, insbesondere der des Partners, abhängig. Wer einen solchen *Abhängig-* Menschen fertigmachen will, muß ihn in sei- *keit* nem tiefverwurzelten Bedürfnis nach einer harmonischen und ästhetischen Umgebung frustrieren, und dieser wird völlig aus dem seelischen Gleichgewicht geraten. Die meisten Menschen mit dieser Konstellation sind hoch sensibel, und oft reicht es schon aus, sie beispielsweise wochenlang in einem nicht richtig eingerichteten Büro sitzen zu lassen, um sie ernsthaft in Schwierigkeiten zu bringen.

Da sie jedoch über außergewöhnlich viel Fingerspitzengefühl verfügen und auf andere Menschen offener, charmanter und diplomatischer als »normale« Skorpione zugehen, kommen sie nur selten in eine Situation, in der ihnen jemand ernsthaft Schwierigkeiten bereiten möchte. Im Gegenteil: Wann immer es um

Fragen des guten Geschmacks geht, hört man
gern ihren Rat und richtet sich danach.

Viele Menschen mit dieser Konstellation
sind im weitesten Sinne des Wortes in künst-
lerischen Berufen tätig. Ob es sich dabei nun
um die Tätigkeit eines Friseurs, einer Kosme-
tikerin, eines Modeschöpfers, einer Innenar-
chitektin oder eines Designers handelt, in all
diesen Berufen spiegeln sich das Bedürfnis
und die Fähigkeit wider, den Menschen und
seine Umgebung schöner und ansprechender
zu gestalten.

Berufe

Kein Skorpion ist in seiner Handlungsfähig-
keit so von einer geeigneten Partnerschaft abhängig wie dieser. Wenn ein ansonsten pünkt-
licher Mensch mit blassem Gesicht zu spät zur
Arbeit erscheint, wenn ein sonst freundlicher
und aufmerksamer Mitarbeiter mit einemmal
mürrisch und in sich gekehrt ist: bei einem
Waagemond können Sie darauf wetten, daß
Liebeskummer und Partnerschaftsprobleme
dahinterstecken.

Insgesamt sind diese Menschen noch stim-
mungsabhängiger als andere Skorpione, doch
macht sie das eher sympathischer, als daß daraus ernsthafte Probleme entstünden.

Waagemond-Menschen können als »Bezie-
hungsathleten« dieses Tierkreiszeichens bezeichnet werden. Keine andere Mond-Konstellation ermöglicht eine solch ausgeprägte
Fähigkeit, sich mit anderen auseinander- und
zusammenzusetzen, wie diese. Es gibt kaum
etwas in seiner persönlichen Umgebung, das
einem Waagemond-Geborenen entgehen könnte. Sobald eine Sache oder ein Umstand mit
ihm und seiner Lebenssituation auch nur im

*»Bezie-
hungs-
athleten«*

entferntesten zu tun haben könnte, interessiert es ihn auch unabhängig davon, wie fremd oder ungewohnt dies sein mag. So lernte eine Klientin mit dieser Konstellation zum Beispiel Türkisch, um sich mit ihrer neuen Nachbarin besser verständigen zu können.

Harmonie-bedürfnis Ihr außerordentliches Harmoniebedürfnis gibt Waagemond-Geborenen den Antrieb und die Fähigkeit, allem, was sie umgibt, insbesondere aber natürlich dem Partner, gerecht werden zu können. Sie wünschen sich aufrichtig, andere zu verstehen, so wie sie auch selbst angenommen und verstanden werden möchten. Es ist nicht einfach, mit einem entwickelten Waagemond-Geborenen Streit zu bekommen, da er in der Regel viel zu sehr versuchen wird, Verständnis für den Standpunkt des anderen aufzubringen.

Die größte Gefahr liegt darin, daß diese Menschen ihre Fähigkeit, andere zu manipulieren, vervollkommnen, während die eigene Persönlichkeitsentwicklung auf der Strecke bleibt. Insbesondere Frauen können schnell dauerhaft Opfer ihrer erlernten Hilflosigkeit werden, zumal dies in unserer Gesellschaft ja auch noch unterstützt und gefördert wird. So gilt beispielsweise eine Frau, die selbständig einen Reifen wechseln kann, für viele immer noch als unweiblich.

Aufgaben Waagemond-Geborene müssen lernen, ihre Wünsche auch unabhängig von anderen leben zu können. Es fällt ihnen schwer, aufrichtig stolz auf ihre persönlichen Leistungen und Fähigkeiten zu sein, da sie dazu neigen, sich allzusehr über das Urteil anderer zu definieren. Echte Individualität kann nur erworben werden, wenn man auch konfliktfähig ist, also einem Streit oder einer Auseinandersetzung nicht um jeden Preis aus dem Weg geht. Wir müssen lernen, Standpunkte zu vertreten, die von anderen nicht geteilt oder sogar bekämpft werden. Es ist hilfreich zu wissen, daß wir, je mehr wir auf diese Weise zu eigenständigen Persönlichkeiten werden, von den Menschen, die uns etwas bedeuten, nicht verlassen werden, sondern diese noch stärker an uns binden. Wer gelernt hat, zu sich selbst zu stehen und sich von der Zustimmung anderer soweit wie möglich unabhängig zu machen, wirkt auf seine Mitmenschen wie ein Magnet auf Eisenfeilspäne.

Bindungen

Skorpionmond

Wer mit dieser Konstellation geboren wurde, mußte meist schon frühzeitig lernen, daß in diesem Leben nur das wirklich zählt, was man sich selbst unter Anstrengungen und Schwierigkeiten erarbeitet hat. Dabei ist es unerheblich, ob dieser Mensch vordergründig betrachtet eine sogenannte leichte oder schwere Kindheit hatte. In jedem Fall wurde er schon zu einem sehr frühen Zeitpunkt mit den letzten Dingen, insbesondere dem Tod, konfrontiert. Auch wenn die meisten diese Erfahrung bald so verdrängt haben, daß jede bewußte Erinnerung daran fehlt, so macht sie sie doch ernsthafter und nachdenklicher als andere. Gerade in der Kindheit wurden sie von ihren Kameraden deshalb kaum verstanden, sie gel-

Existentielle Erfahrungen

ten oft als altklug, grüblerisch oder »miese-petrig«. Im Erwachsenenalter legt sich diese Tendenz etwas, doch was bleibt, ist eine instinktive Abneigung gegen alles Oberflächliche. Billige Vergnügungen sind ihnen ein Greuel, lieber lesen sie ein gutes Buch oder stürzen sich in ihre Arbeit. Das heißt nicht, daß sie etwas gegen Amüsement oder Unterhaltung hätten, nur legen sie hier eben ein wenig andere Maßstäbe an als die meisten Zeitgenossen.

Es ist nicht leicht, ihr Vertrauen zu gewinnen, denn einmal erlittene Verletzungen vergessen sie niemals. Selbst wenn sie sich an das konkrete Ereignis nicht erinnern können, die daraus entstandene Verletzung prägt ihr Empfinden und ihr Gefühlsleben. So tun sie sich in Freundschaften und Partnerschaften am Anfang ein wenig schwer. Dabei können sie durchaus auf andere zugehen und die Initiative ergreifen, aber sie bleiben vorsichtig und versuchen sich gegen jede Enttäuschung zu schützen.

Loyalität Wer jedoch einmal ihr Vertrauen gewonnen hat, kann mit uneingeschränkter Loyalität rechnen. Haben sie sich schließlich einmal auf jemanden eingelassen, würden sie sich im Sinne des Wortes für diesen Menschen totschlagen lassen, falls es notwendig sein sollte. Keinesfalls verlangen sie das gleiche Engagement von ihren Freunden oder Partnern, wissen sie doch, daß sie vielleicht den guten Willen, aber nicht notwendigerweise die Charakterstärke für ein solches Ausmaß an Konsequenz besitzen.

Wenn sie sich jedoch verraten fühlen, zögern sie nicht, Menschen, die ihnen gestern

noch sehr nahestanden, von heute auf morgen
aus ihrem Leben zu werfen. Sie sind nicht für
halbe Sachen zu haben – schon gar nicht in
Gefühlsdingen.

So sind sie etwa bereit, sich für ihre Partnerschaften bis an den Rand der Selbstaufgabe ein-   *Selbst-*
zusetzen und in Krisen nichts unversucht zu   *aufgabe*
lassen, um ihre Beziehung zu retten. Sobald sie
jedoch erkennen, daß sie verraten wurden oder
daß man ihr Vertrauen mißbraucht hat, können
sie den anderen fallenlassen wie eine heiße Kar-
toffel. Vielleicht bricht es ihnen das Herz –
denn ihre Härte und die scheinbare Gleichgültigkeit im äußeren Umgang sagen nichts darüber aus, was in ihrem Inneren vor sich geht –,
doch werden sie lieber vor Kummer eingehen,
als bei einem Menschen zu Kreuze zu kriechen,
der ihre Gefühle verraten hat.

Es gibt kein Mondzeichen, das über so viel
Willensstärke und Konsequenz verfügt wie
dieses; was man sich einmal vorgenommen
hat, führt man auch gegen größte Widerstände
durch. Die unerreichten Stärken der Skorpionmond-Geborenen sind Leidenschaft und
Ausdauer. An allem, an das sie sich emotional
gebunden haben, halten sie auch fest.

Dies gilt für ihr Liebesleben wie auch für
Hobbys oder berufliche Ziele. In Ausdauer und   *Ausdauer*
Ehrgeiz sind sie nur noch mit den Stein-
bock-Geborenen vergleichbar. Doch gehen sie
bei der Verwirklichung eines Ideals im Extremfall bis hin zur Selbstzerstörung. Franz
Beckenbauer, Charlie Chaplin, Liz Taylor oder
Henry Miller haben bei allen Unterschieden
doch die unbeirrbare Konsequenz gemeinsam,
mit der sie sich aus einfachsten Verhältnissen

bis an die absolute Weltspitze emporgearbeitet
haben.

Zudem verfügen sie sehr oft über ein aus-
Lern- gezeichnetes Gedächtnis, und die Lernfähig-
fähigkeit keit bleibt bei aktiven Persönlichkeiten das
gesamte Leben erhalten. Sie vergessen ihre
Gefühle niemals, vor allem nicht, wenn ihn-
en jemand einmal aus einer Notlage geholfen
hat. Derjenige kann sicher sein, daß Skorpionmond-Geborene keine Gelegenheit aus-
lassen werden, um sich angemessen zu revanchieren.

Ihre außergewöhnliche Empfindungsfähig-
keit läßt sie lediglich das zur Kenntnis nehmen, was sie auch wahrnehmen wollen. So
können schwierige Zeiten besser überstanden
werden. Unerfreuliches wird, wenn nötig, einfach ausgeblendet, als ob es nicht existierte.

Sie lassen sich weder auf Aufgaben noch auf
Menschen allzu schnell und intensiv ein.
Haben sie jedoch einmal wirklich Feuer gefan-
gen, so sind sie zu einer Leidenschaftlichkeit
fähig, die keinerlei Kompromisse zuläßt.

Entwickelte Menschen mit dieser Konstellation verfügen oft über eine außerordentliche
Gefühlstiefe Gefühlstiefe, die sie in eine individuelle Sym-
bolsprache übersetzen. Auf diese Weise erklärt
sich auch ihr phänomenales Gedächtnis. Sie
müssen sich nur daran erinnern, wie sie sich
in einer bestimmten Situation gefühlt haben,
schon fallen ihnen auch alle anderen Begleit-
umstände ein. Ihre Überzeugungen und Ideale
strahlen sie mit einer Intensität aus, daß
schwache Naturen aufpassen müssen, daß sie
sich nicht daran verbrennen. Ohne dogmatisch zu sein, sind sie doch in allen Gefühls-

dingen ganz klar und eindeutig. So weiß man immer, woran man bei ihnen ist.

Die Fähigkeit zur Eindeutigkeit ist sicherlich ausgesprochen beneidenswert. Doch leider birgt sie auch die Gefahr in sich, einseitig zu werden und stur an seinen Fehlern festzuhalten. Nichts ist gefährlicher für Skorpionmond-Geborene als Intoleranz und Selbstgerechtigkeit. *Intoleranz*

Auffällig ist ihr empfindsames Reagieren auf die Mondphasen. Das gilt insbesondere für den Vollmond, aber auch für den Neumond. In diesen Tagen sollten sie nach Möglichkeit Alkohol meiden und keine riskanten Dinge unternehmen.

Schützemond

Das sind die echten Visionäre unter den Skorpion-Geborenen, und sie weigern sich standhaft, auch nur einen Gedanken daran zu verschwenden, daß es eventuell Probleme ohne Lösungsmöglichkeiten geben könnte. *Visionäre*

Trotz ihrer Liebe zum Detail fällt es ihnen leicht, große Zusammenhänge zu erkennen, für die den anderen einfach der Blick fehlt. Selbst schwierigste Erfahrungen in der Vergangenheit können sie nicht davon abhalten, unerschütterlich an eine bessere Zukunft zu glauben, und sie tun im Rahmen ihrer Möglichkeiten alles, damit diese auch eintritt.

Häufig haben sie ein ausgeprägtes Interesse an philosophischen und religiösen Themen, solange sie einen praktischen Nutzen darin erkennen können, der sich im täglichen Leben auch umsetzen läßt. Rein theoretische oder abstrakte Überlegungen hingegen empfinden sie als nutzlos.

Viele Menschen mit dieser Konstellation lieben Fernreisen oder haben sogar beruflich mit *Ausland* dem Ausland zu tun. Durch ihre Toleranz haben sie keinerlei Probleme, mit Menschen unterschiedlichster Kulturkreise zurechtzukommen, solange ihr Gegenüber im Gegenzug bereit ist, sie ebenfalls so zu akzeptieren, wie sie nun einmal sind.

Bedingt durch ihre außerordentliche Begeisterungsfähigkeit neigen sie dazu, manchmal sich selbst und ihre Möglichkeiten zu überschätzen. Sie vergessen dann einfach, daß der Tag nur 24 Stunden hat und sie unmöglich all die Versprechungen einlösen können, die sie in ihrer Begeisterung und voll des besten Willens gegeben haben. So wirken sie oft auf andere für eine Weile faszinierend, während sie am Ende dann als Aufschneider dastehen, auf dessen Wort kein Verlaß ist. Derartige Erfahrungen kränken sie tief – trotz aller positiven Weltsicht –, schließlich haben sie es wirklich gut gemeint und wollten doch nur helfen. Die größte Herausforderung ist für sie deshalb, sich mit den Begrenzungen der Alltagswirklichkeit abzufinden. Dies fällt ihnen um so schwerer, als sie voller Begeisterung von einer besseren Welt *Optimis-* träumen, von der sie in ihren optimistischsten *mus* Momenten genau zu wissen glauben, wie diese innerhalb kürzester Zeit herbeizuführen sei.

Der größte Fehler, den man begehen kann, ist, sie als weltfremde Träumer abzutun. Denn wenn jemand die Kraft hat, eine gute, noch nie dagewesene Idee in die Tat umzusetzen, dann sie.

Um in einem Bereich wirklich den Durchbruch zu schaffen, brauchen sie jedoch die Unterstützung ihres Freundes- und Bekanntenkreises. Nur wenn sie wissen, daß andere an sie glauben, sind sie auch in der Lage, Außergewöhnliches zu leisten, sei es im Beruf oder in irgendeinem anderen Lebensbereich. Fehlt ihnen die Unterstützung durch den Partner und die soziale Umwelt, können Begeisterung und optimistische Weltsicht von einem Moment zum nächsten in tiefe Depressionen umschlagen. Ihre Gefühle sind immer groß, sei es nun Freude oder Verzweiflung; mit Halbheiten geben sie sich nicht ab – und bei ihren Emotionen schon gar nicht.

Doch so schnell, wie sie in das tiefe Loch völliger Niedergeschlagenheit fallen können, so unvermittelt krabbeln sie auch wieder heraus, ohne daß man ihnen auch nur eine Blessur anmerken würde. Schließlich zählt für sie die Vergangenheit (fast) nichts und die Zukunft alles. *Wechselnde Stimmungen*

Menschen mit einem sparsameren Seelenleben fühlen sich durch den Schützemond oft emotional überfordert – sie sind diesem Ausmaß schnell wechselnder intensivster Emotionen und Ideen einfach nicht gewachsen und fühlen sich manchmal regelrecht erschlagen. Das macht auch für Partner und Lebensgefährten den Umgang mit einem Schützemond gelegentlich ein wenig schwierig. Aber dessen Lebensmut ist ansteckend. Denn es ist faszinierend, wie er sich diesem Leben trotz all seiner Schwierigkeiten mit so viel Begeisterung stellt.

Steinbockmond

Konven-
tionen

Skorpione machen sich nicht allzuviel aus gesellschaftlichen Konventionen, diejenigen mit einem Steinbockmond aber schon. Ihnen sind öffentliche Anerkennung und Karriere außerordentlich wichtig. So ergeben sich Ehrgeiz und Zielstrebigkeit fast schon zwangsläufig. Langfristige Planung ist für sie etwas Selbstverständliches, und sie können geduldig abwarten, bis ihre Zeit gekommen ist. Viele Menschen mit dieser Konstellation nehmen langjährige Ausbildungen oder umfangreiche Schulungen in Kauf, um einmal den gesellschaftlichen Status zu erreichen, den sie anstreben.

Auffällig häufig ist hier ein Interesse an gesellschaftlichen, politischen und sozialen Fragen vorhanden, so daß oft auch ein Beruf aus diesem Bereich gewählt wird. So haben zum Beispiel viele besonders fähige Juristen und Sozialarbeiter diese Konstellation.

Sparsam-
keit

Sie sind die mit Abstand sparsamsten Vertreter ihres Zeichens, Verschwendung, gleich in welcher Form, ist ihnen ein Greuel. Lieber drehen sie jeden Pfennig dreimal um, bevor sie ihr Geld für unnötige Anschaffungen ausgeben. Ihre Mitmenschen werden unter ihrem besonders sorgfältigen Umgang mit den Finanzen jedoch nur in den seltensten Fällen zu leiden haben. Im Gegenteil: Fast immer besitzen sie einige Rücklagen, und sie sind stets bereit, einem Freund, der in wirtschaftlichen Schwierigkeiten steckt, auszuhelfen.

Eine ihrer auffälligsten Eigenschaften ist ihr außergewöhnlicher Gerechtigkeitssinn. Von Fairneß halten sie sehr viel – so viel, daß sie auch bereit sind, für deren Durchsetzung persönliche Nachteile in Kauf zu nehmen. Einen Mangel an Konsequenz oder besonderen Egoismus wird ihnen deshalb kaum jemand vorwerfen können.

Nach außen wirken sie wie stabile, unkomplizierte sowie geradlinige Persönlichkeiten. Ihre oft vorhandene Unsicherheit in Gefühlsdingen merkt man ihnen schwerlich an.

Unsicherheit

Schließlich sind sie fast immer ordentlich, zuverlässig und systematisch. Das wird von ihrer Umgebung automatisch mit Selbstsicherheit gleichgesetzt. Außenstehende sind davon überzeugt, daß sie ihr Leben fest im Griff haben und immer genau wissen, wo es langgeht.

Ihr Leben ist so gut wie immer von einem geregelten Tagesablauf geprägt. Dabei scheinen sie alles Zufällige und Unkalkulierbare aus ihrem Umfeld verbannen zu wollen. Unordnung und die Unwägbarkeiten des Lebens machen ihnen manchmal regelrecht angst.

Die herausragendste und einmalige Fähigkeit der Steinbockmond-Geborenen ist ihre unmittelbare seelische Ankopplung an gesellschaftliche Phänomene und Prozesse. So wird beispielsweise ein Boutiquebesitzer instinktiv wissen, welche Mode die Menschen im nächsten Sommer kaufen wollen, und sich entsprechend einrichten. Ein Buchhändler wird die kommenden Bestseller bereits vor ihrem Durchbruch auf Lager haben – und so weiter.

Das persönliche Empfinden ist einfach sehr stark angekoppelt an das, was gesellschaftliche

Prominente *Beispiele*

Norm ist oder bald sein wird. Auch der NS-Propagandaminister Goebbels hatte diese Konstellation. Auf der anderen Seite setzte Papst Johannes XXIII. Maßstäbe, was die Aussöhnung der Menschen im allgemeinen und die der christlichen Kirche im besonderen anging. Der ehemalige Schauspieler Karlheinz Böhm leistet Vorbildliches und Bewundernswertes mit seiner Aktion »Menschen für Menschen« gegen Hunger und Armut in Äthiopien. Hemingway und Fassbinder schufen in ihrem jeweiligen Œuvre Zeitporträts von ungeschönter Präzision. Keiner karikierte meines Erachtens das deutsche und vor allem das bayrische Spießertum treffender als Karl Valentin, während für mich der Maler Max Ernst in seinem Genre den genauesten Spiegel des Zeitgeistes unseres Jahrhunderts schuf. Diese sehr unterschiedlichen Beispiele wurden ganz bewußt nebeneinandergesetzt: Allen gemeinsam ist die enge Verknüpfung mit gesellschaftlichen Prozessen. Niveau und Verwirklichungsbereich sind selbstverständlich sehr unterschiedlich.

Konsequenz *und* *Ausdauer*

Neben den Skorpionmond-Geborenen sind Steinbockmonde sicherlich die Menschen mit der größten Konsequenz und Ausdauer in der Verfolgung ihrer Ziele. Sie konzentrieren sich ausschließlich auf das Wesentliche und lassen sich durch nichts und niemanden von ihren Vorsätzen abbringen.

Da sie in ihrem Gefühlsleben ja gleichzeitig »auf der Welle der Zeit« schwimmen, wird es allerdings nicht allzu häufig vorkommen, daß ihnen ernsthaft Steine in die Wege gelegt werden. Selbst eine Marianne Bachmeier kam mit einer verblüffend milden Strafe davon, nicht

zuletzt wohl deshalb, weil sich der größte Teil
der Nation mit ihrem Verhalten identifizieren
konnte.

Drei Bereiche, die eng miteinander zusam-
menhängen, können die persönliche Entwicklung der Steinbockmond-Geborenen blockie- *Blockaden*
ren: die Angst vor Gefühlen und emotionaler
Geborgenheit, die Hemmung, sich Konflikten
sowie unschönen Auseinandersetzungen zu
stellen, und die genau aus diesem Grund vorhandene Neigung, allzu intensiven persönlichen Beziehungen aus dem Weg zu gehen.

Die großen Dinge des Lebens sind für sie
kein Problem, die kleinen aber schon. So kann
einer ein Firmenimperium aufbauen, ohne je-
mals gelernt zu haben, Mitarbeiter angemessen
zu kritisieren und umgekehrt auf deren Kritik
einzugehen. Ein anderer mag ein herausragen-
der Wissenschaftler sein, ohne die Zeit zu finden, eine Familie zu gründen. Alles, was mit
echten persönlichen zwischenmenschlichen
Beziehungen zu tun hat, ist für sie die größte
Herausforderung überhaupt. Sich auf Menschen einzulassen, ohne daß es klare Spielregeln und Bedienungsanweisungen gibt, verun-
sichert die Steinbockmond-Geborenen mehr
als alles andere – und es verschafft ihnen die
größte Befriedigung, wenn es ihnen doch gelingt, über ihren Schatten zu springen.

))

Wassermannmond

Skorpione sind Individualisten, die, die den
Mond im Wassermann stehen haben, um so

mehr. So können diese ausgeprägten Persönlichkeiten niemanden kaltlassen – entweder man liebt und bewundert sie, oder man hält sie für verschrobene Exzentriker, die sich hinter einer scheinbar harmlosen Fassade verstecken. In der Tat ist der Umgang mit ihnen nicht immer leicht: Dinge, die sie gestern noch begeistert haben, können ihnen heute vollkommen gleichgültig sein. Doch sprunghafte Stimmungswechsel und Einstellungsänderungen *Stärke* sind ihre Stärke und nur selten eine Schwäche. Denn immer sind sie auf der Suche nach dem Neuen, Außergewöhnlichen und Originellen. Alltägliches gibt es schließlich schon genug, und sie sind nicht auf dieser Welt, um sich mit Trivialitäten abzugeben. So haben denn auch viele Künstler und Lebenskünstler diese Konstellation. Da sie in hohem Maße von ihren Stimmungen abhängig sind und aus diesen auch ihre besondere Kreativität beziehen, können sich nur wenige an einen geregelten Tagesablauf gewöhnen. Das macht ihnen die Arbeit in einem normalen Beruf natürlich nicht leicht, und wann immer möglich, werden sie sich eine Tätigkeit wählen, die ihnen größtmöglichen Freiraum in der Gestaltung ihrer Arbeitszeit läßt. So wichtig ihnen ihr persönlicher Freiraum auch ist, so liegt den höherentwickelten Persönlichkeiten doch viel daran, sich diesen nicht auf Kosten anderer zu verschaffen. Sie möchten nicht nur einfach ihr »eigenes Ding« machen, sie sind auch nahezu immer bestrebt, mit ihren originellen Fähigkeiten die Welt oder doch zumindest ihre persönliche Umgebung ein wenig menschlicher, bunter und phantasievoller zu machen.

Oft besitzen Menschen mit einem Wasser-
mannmond ein ausgesprochen komisches Ta- *Komisches*
lent, das ihr Publikum auf unterhaltsame *Talent*
Weise zum Nachdenken anregt. Sie verfügen
über die natürliche Gabe, sich über eine Situation zu stellen, Angriffe und Kritik an sich
abperlen zu lassen und so zu tun, als ob jemand ganz anderer gemeint wäre. In den meisten Fällen reicht das schon, um den Gegner
ins Leere laufen zu lassen.

Wer unter dieser Konstellation geboren
wurde, für den ist nicht das Außergewöhnliche, sondern der Alltag eine echte Herausforderung – zum Beispiel Rechnungen pünkt-
lich zu bezahlen oder den Garten in Ordnung
zu halten.

Fischemond

Wenn Sie einen Skorpion kennen, aus dem Sie
auch nach langer Zeit und trotz ernsthaften
Bemühens einfach nicht schlau werden, ist die
Wahrscheinlichkeit hoch, daß sein Mond in
den Fischen steht. Das ist auch weiter kein
Wunder, denn in der Regel sind diese Menschen sich selbst ein Rätsel. Und wenn sie sich
selbst schon nicht begreifen, wie sollen es
dann erst andere können?

Ihre Stärke ist, daß sie – darin sind sie den
Schützemond-Geborenen ähnlich – für so ziem-
lich alles und jeden Verständnis aufbringen kön- *Verständnis*
nen, allerdings ohne daß sie deshalb immer
automatisch damit einverstanden wären. Da sie
gleichzeitig auch gute Zuhörer sind, fühlt sich

ihr Gegenüber verstanden und kann selbst Kritik akzeptieren, ohne sich verletzt zu fühlen.

Ihre größte Schwierigkeit im Umgang mit sich selbst ist hingegen, daß sie im Leben immer wieder Phasen durchlaufen, in denen sie beim besten Willen nicht wissen, was sie wollen – das aber mit aller Macht. In solchen Perioden sind sie ruhelos, grüblerisch und mit sich und der Welt zutiefst unzufrieden. Wann immer es möglich ist, sollten sie in solchen Zeiten eine kreative Pause einlegen und sich an einen Ort zurückziehen, wo sie ungestört ihren Gedanken nachhängen können. Je mehr es ihnen gelingt, abzuschalten und sich von dem Zwang, immer etwas tun zu müssen, zu befreien, um so schneller werden sie ihre innere Klarheit zurückgewinnen. Voller neuer Ideen und mit frischem Elan kehren sie dann wieder in die Alltagswelt zurück.

Sensibilität Überhaupt besitzen diese Menschen eine ganz außerordentliche Sensibilität in Verbindung mit einem scheinbar unerschöpflichen seelischen Energiereservoir. Mehr als andere neigen sie deshalb auch dazu, sich bis zur völligen Erschöpfung zu verausgaben. Schon allein aus diesem Grund sind regelmäßige Erholungsphasen und Rückzugsmöglichkeiten dringend notwendig.

Höherentwickelten Persönlichkeiten ist – trotz der durchaus häufig vorhandenen Heimatliebe – jede Form von Stammtischpatriotismus fremd. Kulturelle und soziale Unterschiede sind ihnen nicht so wichtig, auch wenn sie die damit verbundenen Probleme im praktischen Leben durchaus sehen. Für sie persönlich zählen jedoch ausschließlich der

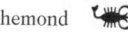

Charakter eines Menschen und nicht seine
Herkunft oder sein Bildungsgrad.

Zu Menschen, die ihnen nicht liegen, suchen
sie eine höfliche Distanz, aus der jeder unge- *Umgang*
stört seine eigenen Wege gehen kann. Offenem
Streit oder aggressiven Auseinandersetzungen
stellen sie sich nur, wenn sich dies überhaupt
nicht vermeiden läßt. Das bedeutet mitnichten, daß sie feige wären, doch in der Regel sind
sie einfach davon überzeugt, daß es produkti-
vere Möglichkeiten gibt, Meinungsverschiedenheiten auszutragen, als sich zu bekämpfen.

Neben der außergewöhnlichen Phantasie und
der so gut wie immer vorhandenen künstleri-
schen Begabung besitzen sie auch eine starke
Intuition. Kaum jemand versteht es besser, zur
richtigen Zeit am richtigen Ort zu sein, als sie.

Die größte Schwierigkeit mit dieser Konstellation mag die Einsicht sein, daß es keinen
anderen Sinn im Leben gibt außer dem, den *Lebenssinn*
wir ihm selbst geben. Da es für Fischemonde
keine verbindlichen Vorgaben gibt, an denen
sie sich orientieren und festhalten könnten,
müssen sie lernen, sich selbst die Welt zu »er-
schaffen«, in der sie leben wollen und können.
Der Fischemond bietet die größte Chance zur
Freiheit, aber er stellt auch die größte Herausforderung aller Mondzeichen dar.

Was kommt auf den Skorpion zu?

Welcher Tag wofür geeignet ist

Ein wichtiger Bereich der Astrologie ist die Prognose, also die »Vorhersage« zukünftiger Ereignisse. Viele Astrologen machen keine Prognosen mehr, weil sie meinen, damit seriöser zu wirken und bei ihren Gegnern eher anerkannt zu werden. Ich habe allerdings den Verdacht, daß die meisten vor Zukunftsdeutungen *Prognose* zurückschrecken, weil sie es einfach nicht können. So versucht also mancher, aus der Not eine Tugend zu machen. Nützen tut dies niemandem. Kein Astrologiegegner läßt sich bekehren, weil manche Astrologen keine Prognosen mehr machen. Und wer die Dienste eines Astrologen beansprucht, möchte im allgemeinen doch etwas über seine Zukunft erfahren. Auch Meister der Astrologie geben zu, daß nicht jede Vorhersage exakt eintrifft. Das ist aber weder schlimm noch ein auf die Astrologie begrenztes Phänomen: Die Leistungen der modernen Meteorologie sind unbestritten, und dennoch kann es immer wieder passieren, daß man beispielsweise im Auto sitzt und den Wetterbericht hört, dem zufolge es besonders schön sein soll, während man die Scheibenwischer laufen läßt, weil es draußen in Strömen schüttet. Und es gibt viele Menschen, die gesund und munter sind, obwohl ihnen ein Arzt vor Jahren nur noch wenige Wochen Lebenserwartung prophezeit hat.

Astrologen sind keine Wahrsager, und unfehlbar sind sie schon gar nicht. Diese Eigenschaften teilen sie mit den meisten anderen Menschen. Trotzdem ist die Bestimmung der Chancen und Risiken zukünftiger Ereignisse sinnvoll und nützlich. So mancher liebeskranke Jüngling würde viel darum geben, wenn er den Tag wüßte, an dem die Aussichten, bei seiner Angebeteten Gehör zu finden, am größten sind. Sicherlich würde er auch hinnehmen, daß er sich eventuell noch ein Weilchen gedulden muß. Um so mehr, wenn ihm bewußt ist, daß übereiltes Handeln alles verpatzen könnte oder seine Herzdame gar in die Arme eines anderen treibt.

Bestim-
mung der
Chancen

Genau das kann die Astrologie leisten: zu bestimmen, wann Ihre Chancen, erfolgreich zu sein, besonders gut sind und wann man von etwas besser die Finger läßt. Dies ist sogar so einfach, daß man kein Experte sein muß, um günstige und kritische Tage zu bestimmen. Und so geht's:

Als erstes benötigen wir den Geburtstag des Menschen, für den wir die Prognose machen wollen. Nehmen wir als Beispieldatum den 10.4., das Geburtsjahr spielt keine Rolle.

3 - 13 Mac

Begeg-
nungszeit-
raum

6 Monate nach dem Geburtstag finden Sie den Begegnungszeitraum. Das ist in unserem Beispiel der 10.10. plus/minus 5 Tage, also vom 5. bis zum 15.10. Dies ist die günstigste Zeit im Jahr, um jemanden kennenzulernen, sich mit anderen auszusöhnen oder einfach etwas mit den Menschen zu unternehmen, die einem am meisten bedeuten. Je mehr Sie sich in diesen Tagen auf andere statt auf sich selbst konzentrieren, um so mehr werden Sie von dieser Zeit profitieren. *Die für Sie persönlich günstigsten Zeiträume finden Sie 4 und 8 Monate nach dem Geburtstag.* In unserem Beispiel wären dies also der 10.8. und der 10.12. Auch hier gilt wie in allen anderen Fällen ein Zeitraum von plus/minus 5 Tagen. Alles, was Sie jetzt beginnen, hat größere Chancen als sonst, zu einem erfolgreichen Ergebnis zu gelangen. Passieren wird in diesen Phasen allerdings nur selten etwas Außergewöhnliches. Hier gilt das englische Sprichwort: »No news is good news« (Keine [schlechten] Nachrichten sind gute Nachrichten). Diese Konstellation wirkt sich genau umgekehrt aus wie die 3 und 9 Monate nach dem Geburtstag.

Persönlich günstiger Zeitraum

Schließlich sollen noch zwei Zeiträume genannt werden, die besonders für berufliche und geschäftliche Reisen geeignet sind. Sie eignen sich auch bevorzugt für Verhandlungen und Gespräche, Veränderungen in der Wohnung oder am Haus sowie für das Zusammentreffen mit Freunden oder Geschäftspartnern. Die Daten sind 2 und 10 Monate nach dem Geburtstag. In unserem Beispiel wären das der 10.6. und der 10.2.

Beruf und Reise

Da sich diese Daten jedes Jahr wiederholen, genügt es, sie einmal zu berechnen und zu notieren. Wenn Sie die hier gemachten Aussagen mit den Ereignissen in Ihrer persönlichen Vergangenheit überprüfen, werden Sie mit Sicherheit feststellen, daß sich so häufig treffende Übereinstimmungen ergeben, daß schon böser Wille oder Ignoranz notwendig sind, um hier noch von »reinem Zufall« sprechen zu können. Eine besonders kritische Zeit, in der Sie besser keine wichtigen Entscheidungen treffen und an denen Sie nicht unnötig Riskantes unternehmen sollten, ist *3 Monate nach*

Kritische Zeit

3 Febr.
- 13 Febr.

dem Geburtstag. Da der April der 4. Monat im Jahr ist, rechnen wir einfach 4 + 3 und kommen so auf den 10.7. Die Zeit 5 Tage vor bis 5 Tage nach diesem Datum ist nun ein Zeitraum, während dessen besondere Vorsicht angebracht ist.

Die gleiche Konstellation gilt *9 Monate nach dem Geburtstag.* Bei unserem Beispieldatum wäre dies der 10.1., 4 + 9 = 13. Auch hier gilt wieder der Zeitraum plus/minus 5 Tage, somit der 5. bis 15.1.

3 August
- 13 August

Auf diese Weise haben Sie einfach und zuverlässig die beiden Zeiträume im Jahr bestimmt, in denen Sie besser nicht aktiv werden sollten, weil die Gefahr, Fehler zu machen, größer als sonst ist. Diese beiden Daten sind jedoch nicht durchweg problematisch, das gilt nur für das eigene Handeln und für Entscheidungen von großer Tragweite.

Positive Ereignisse

Dafür sind die Chancen, daß Ihnen Positives widerfährt, höher als sonst. Das mag wie ein Widerspruch klingen, ist es aber nicht: In den genannten Zeiträumen hat schon mancher eine Gehaltserhöhung bekommen, oder er erhielt einen wichtigen Brief, auf den er schon lange gewartet hatte. Möglicherweise schenkt Ihnen jemand etwas, oder Sie finden einen verlorengegangenen Gegenstand wieder. All dies sind jedoch Vorgänge, die Sie nicht direkt beeinflussen können. Man erlebt sie als glückliche Zufälle oder als das Ergebnis von Aktivitäten, die schon zurückliegen. Je offener Sie sind, je mehr Sie bereit sind, in diesen Tagen die Dinge einfach auf sich zukommen zu lassen, um so größer ist die Chance, daß aus Unglückstagen Glückstage werden.

Genauere Aussagen lassen sich gewinnen, wenn Sie berücksichtigen, daß die Konstellationen in den meisten Fällen am stärksten am berechneten Datum bis 2 Tage danach »wirken«. In unserem Beispiel wären das also der 10. bis 12. in den jeweiligen Monaten.

Diese Aussagen lassen sich wiederum präzisieren, wenn Sie die im übernächsten Abschnitt beschriebenen persönlichen Glücks- und Unglückszahlen mit einbeziehen. Hierzu müssen Sie lediglich das Datum in eine ein- und eine zweistellige Zahl verwandeln. Greifen wir wieder auf unser Beispiel zurück und wählen den 10.10.1997. (Bei dieser Rechnung muß die Jahreszahl mit einbezogen werden.) Um zu einer ein- und einer zweistelligen Zahl zu gelangen, müssen Sie lediglich die Quersumme des Datums bilden, das heißt die einzelnen Ziffern addieren: $1 + 1 + 1 + 9 + 9 + 7 = 28$; $2 + 8 = 10$; $1 + 0 = 1$. Der 10.10.1997 ergibt also zwei zweistellige und eine einstellige Zahl: 10, 28 und 1. Jetzt müssen Sie lediglich nachschauen, ob eine dieser Zahlen zu Ihren persönlichen Glücks- oder Unglücksdaten gehört. Da in unserem Beispiel der 10.10. der Stichtag des persönlichen Begegnungszeitraumes ist, ergeben sich folgende Deutungen:

◆ *Glückszahl:* deutlich erhöhte Wahrscheinlichkeit für positive zwischenmenschliche Kontakte und angenehme Erlebnisse im Partnerschaftsbereich;

◆ *Unglückszahl:* deutlich erhöhte Wahrscheinlichkeit für wichtige Erlebnisse im Begegnungsbereich, die jedoch nicht frei von Spannungen und Konflikten sein werden;

◆ *keine Zahl:* allgemein erhöhte Ereignis-
wahrscheinlichkeit im Begegnungsbereich,
die jedoch nicht annähernd so groß ist wie
die Auslösung durch Glücks- oder Unglückszahlen.

Wer es genau wissen möchte, berechnet die
Zahlen für den gesamten Ereigniszeitraum.

Diese Technik ist sehr einfach. Überprüfen
Sie einige Ereignisse der Vergangenheit, und
machen Sie sich ein eigenes Bild von ihrer
Treffsicherheit. Die besten Entsprechungen
werden Sie bei der Übereinstimmung mit persönlichen Unglücks- oder Glückszahlen finden, die auf den Stichtag plus/minus zwei Tage
fallen.

Was den Skorpion im Lauf des Jahres erwartet

Wohl jeder würde gern wissen, was die nächste
Zukunft für ihn bereithält, erst recht, wenn er
sich für Astrologie interessiert. Um eine allgemeine Übersicht zu erhalten, gibt es eine sehr
einfache und effektive Methode: Merken Sie
sich genau die Ereignisse am Tag vor Ihrem
Geburtstag, am Geburtstag selbst und einen
Tag nach dem Geburtstag. So, wie es Ihnen an
diesen Tagen im kleinen geht, so verläuft im
großen das darauffolgende Lebensjahr. Das
heißt, der Tag vor dem Geburtstag entspricht
dem ersten Jahresdrittel, der Geburtstag dem
zweiten und der Tag nach dem Geburtstag
dem dritten.

Ein Beispiel aus der Praxis: Ein junger Mann
fiel bei Reparaturarbeiten an seinem Haus

Vorhersage

Der Astronomus.

So bin ich ein Astronomus/
Erkenn zukünfftig Finsternuß/
An Sonn und Mond/durch das Gestirn
Darauß kan ich denn practiciern/
Ob künfftig komm ein fruchtbar jar
Oder Theuwrung und Kriegßgefahr/
Und sonst manicherley Kranckheit/
Milesius den anfang geit.

Astronomus: Bild von Jost Amman und Vers von Hans Sachs aus »Eygentl. Beschreibung Aller Stände auff Erden«, Frankfurt 1568 einen Tag vor seinem Geburtstag von einer Leiter und verstauchte sich ein Fußgelenk. Am Geburtstag mußte er gegen seine ursprüngliche Absicht arbeiten, da ein Kollege krank geworden war. Als er später heimkam, um mit seiner Frau endlich zu feiern, war er so überreizt, daß es zum Streit kam und der ganze Abend verdorben war. Am darauffolgenden Tag sorgte er dafür, daß er früher als sonst

Beispiel heim konnte. Er versöhnte sich mit seiner Frau, die beiden beschlossen spontan, den Abend nachzufeiern. Sie gingen aus und verstanden sich so gut wie schon lange nicht mehr. Der Streit war vergessen und begraben.

Zwei Monate später zog sich der junge Mann beim Skilaufen einen komplizierten Beinbruch zu, der ihn für sechs Monate arbeitsunfähig machte. Die ganze Zeit über war unklar, ob sein Bein wieder vollständig gesunden würde. Zusätzlich bedrückte ihn die Sorge um seinen Arbeitsplatz. Die erzwungene Untätigkeit und die Ungewißheit setzten ihm so zu, daß er phasenweise trank und das Verhältnis zu seiner Frau immer schlechter wurde. Im zweiten Jahresdrittel entlud sich die angespannte Situation in einem schlimmen Ehekrach. Nervlich am Ende und unter Alkoholeinfluß schlug er sogar seine Frau, was ihm sonst nie in den Sinn gekommen wäre. Noch am selben Abend zog diese zu einer Freundin. Der junge Mann verfiel jetzt kurzzeitig vollständig dem Alkohol. Er änderte seine Lebensweise jedoch radikal, als der Gips entfernt wurde und sich zeigte, daß sein Bein vollständig verheilt war. Er hatte nicht, wie befürchtet, seinen Arbeitsplatz verloren. Sofort stellte er seinen übermäßigen Alkoholkonsum ein. All dies gab ihm die Kraft, einzusehen, in welchem Maße er selbst zu der traurigen Entwicklung in seiner Ehe beigetragen hatte. Er bemühte sich darum, seine Frau zurückzugewinnen, was ihm auch schließlich gelang. Drei Monate vor seinem Geburtstag kam es zu einem ausgedehnten Treffen zwischen beiden, bei dem sie zum erstenmal offen über die Probleme in ihrer Ehe sprachen. Nach der Aussöhnung verstanden sich beide besser als je zuvor.

Zugegeben, nicht immer sind die Entsprechungen so offensichtlich wie in diesem Bilderbuchbeispiel. Aber glücklicherweise werden wir ja auch nicht jedes Lebensjahr von solch dramatischen Ereignissen gebeutelt. Wer sich die Mühe macht und die Ereignisse um vergangene Geburtstage mit denen der *Zusammen-* darauffolgenden Lebensjahre vergleicht, lernt *hänge* schnell, diese Zusammenhänge zu sehen und *verstehen* zu verstehen. Mit ein wenig Kreativität können Sie dann auch Ihren letzten Geburtstag untersuchen und eine Prognose für das laufende Lebensjahr wagen. Wer es noch genauer wissen möchte, der sei auf den nachfolgenden Abschnitt verwiesen.

Nur einen Fehler sollten Sie unbedingt vermeiden: Lassen Sie sich nicht ins Bockshorn jagen, Bangemachen gilt nicht. Verderben Sie sich nicht zukünftige Geburtstage durch die Angst vor jedem noch so kleinen Mißklang! Wer derartige Zusammenhänge zu ernsthaft und besorgt betrachtet, geht in die Falle lebensfeindlichen Aberglaubens. Das ist nicht *Aberglaube* der Sinn der Sache. Eine neugierig-humorvolle Herangehensweise ist hier sicherlich das beste Gegenmittel.

Die persönlichen Glücks- und Unglückszahlen

Die Glückszahl des Skorpions ist nach der klassischen Mars-Zuordnung die 9, wie beim Widder (nach der neuen Pluto-Zuordnung wären es die 10 und die 17). Das gilt auch für alle Zahlen, die auf die Ziffer 9 enden, sowie deren Vielfache. Das heißt, für Skorpione sind zum Beispiel das 9., das 18., das 19., das 27., das 36. und das 39. Lebensjahr von entscheidender Bedeutung, meist im positiven Sinne.

Günstige Tage
Wer möchte, kann diese Entsprechungen auf die Tage eines Monats anwenden. Hier wären also der 9., der 18., der 19., der 27. und der 29. besonders günstig. Von noch größerem Vorteil ist es, wenn ein solches Datum auf einen Dienstag fällt, weil nach der klassischen Planetenzuordnung Mars der Regent dieses Tages ist (»Dienstag« = französisch *Mardi,* italienisch *Martedì* = »Tag des Mars«).

Eine weitere Steigerung ist möglich, wenn die Quersumme des untersuchten Datums ebenfalls 9 beträgt. Die Quersumme finden wir, wie gesagt, indem wir die Ziffern eines Datums einfach zusammenzählen. Beispiel 9.1.1970 = 9 + 1 + 1 + 9 + 7 + 0 = 27; 2 + 7 = 9.

Natürlich läßt sich dieses Spiel auch anwenden auf Autonummern, Hausnummern oder die Zahlen, auf die man beim Roulette setzt. Allerdings kann man alles so übertreiben, daß aus einer guten Sache eine schlechte wird.

Unglückszahlen
Unglückszahlen des Skorpions sind die 2, die 7 und die 8. Die Anwendungsregeln sind die gleichen wie bei den Glückszahlen. Auch

hier sollte man Übertreibungen vermeiden. Nur ein ausgesprochen dummer Skorpion läßt sich etwa den Partner seiner Träume durch die Lappen gehen, weil dieser etwa zum Zeitpunkt des Kennenlernens 28 Jahre alt ist.

Der aufmerksame Leser wird bemerkt haben, daß es Zahlen geben muß, die gleichzeitig Glücks- und Unglückszahlen sind, zum Beispiel 18 oder 27. Hier ist anzumerken, daß die Quersumme immer bedeutsamer ist als die letzte Ziffer. 18 und 27 sind also eher günstig als kritisch zu bewerten.

Zu guter Letzt soll in diesem Zusammenhang noch die Ergänzungs- oder Begegnungszahl erwähnt werden. Diese ist beim Skorpion die 5. Alle Daten, die auf 5 enden und/oder als Quersumme 5 ergeben, sind für Begegnungen und zwischenmenschliche Kontakte aller Art besonders geeignet.

Ergänzungs- und Begeg- nungszahlen

Mars regiert die Zeichen Skorpion und Widder

Der Skorpion und sein Umfeld

Der Skorpion und die anderen

Kein anderes Tierkreiszeichen hat ein so scheinbar widersprüchliches Verhalten zu seinen Mitmenschen: Auf der einen Seite sind Skorpione überzeugte Individualisten, die im allgemeinen sehr gut allein zurechtkommen und sich nicht übermäßig viele Gedanken darum machen, was die Nachbarn von ihnen denken – zumindest solange diese nicht so weit gehen, ihnen die Fensterscheiben einzuwerfen. *Wider-sprüchliches Verhalten*

Auf der anderen Seite besitzen sie ein außergewöhnlich starkes Verantwortungsgefühl Freunden, vor allem aber auch Familienmitgliedern gegenüber. Oft sind sie diejenigen, bei denen alle Fäden der Verwandtschaft zusammenlaufen. Sie sorgen dafür, daß die Kontakte nicht abreißen, und versuchen bei Meinungsverschiedenheiten zu schlichten. Oft wird ihnen diese Rolle durchaus zuviel, und sie würden sich wünschen, daß ein anderer sie übernähme. Dieses Glück bleibt ihnen leider allzuoft versagt, und da ihr Verantwortungsbewußtsein durch ihre Bereitschaft, sich Schuldgefühle machen zu lassen, noch gesteigert wird, müssen schon gravierende Lebenseinschnitte – wie etwa der Umzug ins Ausland – stattfinden, damit sie sich aus diesen Pflichten befreien können.

Gerade ihre charismatische Persönlichkeit zieht viele an, die labil, wankelmütig oder einfach in einer Lebenskrise sind. Wenn jemand sie direkt oder indirekt um Hilfe bittet, kön- *Charisma*

nen sie nur selten nein sagen, zumindest
nicht, solange sie den Eindruck haben, daß
der andere ernsthaft versucht, etwas an seiner
mißlichen Lage zu ändern. Daß sie sich selbst
gelegentlich schwach fühlen und gut den seelischen Beistand anderer gebrauchen können,
wird von den meisten Menschen in ihrer Umgebung tunlichst übersehen. Skorpione neigen
dazu, immer mehr daran zu glauben, daß es
ein Zeichen von Stärke ist, wenn man mit seinen Problemen allein zurechtkommt, und
übersehen dabei, daß durchaus Mut vonnöten
ist, um sich in seiner Not einem anderen an-
zuvertrauen. Außerdem ist dies oft der einzige
Weg, um Mißverständnisse aus dem Weg zu
räumen und zwischenmenschliche Konflikte
aus der Welt zu schaffen.

Bezie-
hungen
So empfinden sie ihre Beziehungen zu anderen Menschen, insbesondere solchen, die
nicht zu ihrem allerengsten Freundeskreis
gehören, auf der einen Seite als Bereicherung
und Selbstbestätigung, auf der anderen Seite
aber auch als eine anstrengende und manchmal lästige Pflicht.

Besonders wichtig sind für Skorpione Beziehungen zu Menschen, die mit beiden Beinen
fest auf der Erde stehen und ihnen bei der Be-
wältigung alltäglicher Schwierigkeiten helfen.
Alltag
Hierzu gehören so triviale Dinge wie die Hilfe
bei Kleinreparaturen im Haushalt, Tips beim
Abfassen der Steuererklärung oder Hinweise,
wo man was besonders günstig einkauft. Solche Beziehungen sind ihnen eine praktische
Lebenshilfe, und sie geben ihnen das Gefühl,
daß sie mindestens so viel zurückbekommen,
wie sie selbst in die Bekanntschaft investieren.

Ohne dieses Gegengewicht besteht bei ihnen die Gefahr, daß sie infolge ihrer idealistischen Lebenseinstellung ein wenig die Bodenhaftung verlieren.

Freundschaften, die nicht aufgrund familiärer Verpflichtungen oder wegen Mitleids zustande kamen, sind für sie außerordentlich wichtig. Wenn der andere nicht irgendwann einmal ihren Stolz zutiefst verletzt oder ihre Gefühle auf andere Weise verrät, gibt es für sie keinen Grund, warum sie nicht lebenslang miteinander verbunden sein sollten. Sie glauben daran, daß eine gute Freundschaft mit den Jahren nur besser und intensiver werden kann. Menschen, die ihnen wirklich etwas bedeuten, können in jeder Notlage auf die Zuverlässigkeit des Skorpions zählen. Umgekehrt erwarten sie allerdings das gleiche, auch wenn sie dies nur in Situationen beanspruchen, in denen sie wirklich keinen anderen Ausweg mehr wissen. Um so wichtiger ist für sie die Gewißheit, in einer solchen Lage nicht im Regen stehengelassen zu werden.

Freundschaften

Wie kann's der Skorpion mit den übrigen Tierkreiszeichen?

Entgegen der allgemein verbreiteten Meinung gibt es keine bestimmten Tierkreiszeichen, die automatisch gut zusammenpassen, während sich andere überhaupt nicht verstehen. Dies liegt nicht nur daran, daß unser Sonnenzeichen nur *ein* Aspekt unter vielen in unserem Horoskop ist. Entscheidend ist ganz einfach der gute Wille zweier Menschen: Ein Liebespaar, das glücklich verliebt ist, wird sich kaum darum scheren, ob es aus astrologischer Sicht miteinander harmoniert oder nicht. Umgekehrt können Menschen Todfeinde sein, die der Theorie nach doch gut zusammenpassen müßten. Dennoch sind allgemeine Hinweise sinnvoll und nützlich, um feststellen zu können, wo Stolpersteine im Umgang miteinander liegen können und wo es besondere Chancen gibt.

$$\text{M}_{,} - \Upsilon$$

Skorpion – Widder

Hier treffen zwei (nach der klassischen Planetenzuordnung) von Mars beherrschte Zeichen aufeinander. Dennoch scheinen sich die echten Gemeinsamkeiten bereits in dieser Tatsache zu erschöpfen. Skorpione lieben das Hintergründige, Geheimnisvolle und Rätselhafte. Sie stecken so voller unergründlicher Tiefe, daß sie sich meist selbst nicht verstehen. So haben sie eine gewisse Ähnlichkeit mit der Sphinx, während der Widder dem Ödipus gleicht, dessen Leben davon abhängt, ob es ihm gelingt, ihre kaum lösbaren Fragen zu beantworten. Gelingt ihm jedoch die Antwort, so ist dies das Ende der Sphinx. Es handelt sich also um ein Spiel auf Leben und Tod, bei dem es nur einen Gewinner geben kann. Zum Glück ist die Situation in der modernen Wirklichkeit nicht ganz so dramatisch, doch gestaltet sich die Verbindung dieser beiden Tierkreiszeichen

Schwierige sicher schwieriger als manche andere. Bei har-
Verbindung monischen Partnerschaften werden fast immer andere Horoskopfaktoren wie Aszendent oder Mond-Position einen Ausgleich schaffen.

Ansonsten ist die Gefahr groß, daß sich beide Partner gegenseitig blockieren. Der Widder wird sich durch den Skorpion in seinem Freiheitsdrang beschnitten und seine Selbstachtung in Frage gestellt fühlen. Der Skorpion leidet unter dem Dominanzstreben und der mangelnden Ernsthaftigkeit des Widders. Der Skorpion schätzt es, sich tiefgründig mit Problemen auseinanderzusetzen, der Widder liebt hingegen einfache und effektive Lösungen. Der Skorpion hat in der Regel viel Familiensinn und dementsprechendes Verantwortungsgefühl, der Widder konzentriert sich lieber auf die Partnerschaft; der Verwandtschaft möchte er in seinem Privatleben nicht allzuviel Platz einräumen. *Blockaden*

Von beiden Zeichen ist in aller Regel der Skorpion das raffiniertere mit dem größeren psychologischen Talent. Damit hat der sonst so durchsetzungsfähige Widder kaum eine Chance. Mit seiner direkten, offenherzigen Art verstrickt er sich schnell im Netz des Skorpions. In solchen – zum Glück recht seltenen – Fällen wird der Widder dann schnell zu einer traurigen Karikatur seiner selbst. Sogar gegen offensichtlich ungerechtes Verhalten seines Partners kann er sich nicht mehr angemessen zur Wehr setzen. Er wird sich dem Willen des Skorpions nahezu vollständig unterwerfen, da er auch (vorläufig) die Fähigkeit verloren hat, sich von der Beziehung zu distanzieren oder sich gar zu trennen. So entsteht ein Teufelskreis: Der Skorpion nimmt dem Widder seine Eigenständigkeit, um anschließend darunter zu leiden, daß er mit einem Pantoffelhelden liiert ist. Dies führt zu weiterer Bevormundung, *Unterschiede* die das Problem natürlich nicht lösen, sondern nur noch verstärken kann.

Widder ist ein Feuerzeichen, Skorpion ein Wasserzeichen. Wenn Feuer und Wasser aufeinandertreffen, kann nur das Feuer verlieren: Es wird gelöscht.

Dennoch gibt es Beziehungen, in denen der Widder-Partner dominiert, was in Wahrheit bedeutet, daß die Kräfte auf beiden Seiten aus-

Ausgleich geglichen sind. In solchen Fällen kann der Widder dem Skorpion helfen, Herr seiner zahlreichen Schuldgefühle zu werden und sich aus Verpflichtungen zu lösen, an denen dieser aus Angst, auf sich allein gestellt zu sein, oder aufgrund übertriebener moralischer Skrupel festhält. Der Widder hingegen kann lernen, daß Offenheit und Direktheit nicht immer der beste Weg sind, um die Schwierigkeiten des Lebens zu meistern. Er wird ein Gespür dafür entwickeln, wann man sich besser bedeckt hält, statt offen zu reden, welche Beziehungen für die Verwirklichung beruflicher Interessen hilfreich und welche schädlich sind. Er wird lernen, sich zu jedem Anlaß passend zu kleiden und die Ausdrucksweise zu wählen, die in einer bestimmten Situation am besten ankommt. Für einen Widder, der gesellschaftlich oder beruflich Karriere machen möchte, können derartige Fähigkeiten von unglaublichem Nutzen sein, auch wenn es sicherlich großer Ausdauer und harter Arbeit an sich selbst bedarf, um sie zu erwerben.

Der Skorpion-Partner hingegen hat in dieser Verbindung die Chance, sich beim Widder anzuschauen, wie man selbständig und selbstverantwortlich handelt.

Paare, denen es gelingt, die sicher zahlreichen Hürden zu überwinden, die einer harmonischen Beziehung im Wege stehen, werden zu einem unschlagbaren Team. Gemeinsam können sie Herausforderungen und Schwierigkeiten meistern, denen sich andere noch nicht einmal zu stellen wagen.

Team

$$\text{♏ – ♉}$$

Skorpion – Stier

Wenn zwei Tierkreiszeichen wie füreinander geschaffen sind, dann diese beiden. Der Stier als sinnenfroher Pragmatiker sehnt sich nach einem eher leidenschaftlichen, treuen und temperamentvollen Partner. Der Skorpion wünscht sich ein standfestes Gegenüber, das sämtlichen Herausforderungen des Lebens entschlossen entgegentritt und sich nicht von jedem kleinen Problem ins Bockshorn jagen läßt. Beide glauben fest daran, daß die wahre Liebe alle Hindernisse überwindet. Und für diese Konstellation ist das auch bestimmt richtig.

Es mag sein, daß ihre Freunde und Bekannten über die beiden ungläubig den Kopf schütteln und sich fragen, was zwei so unterschiedliche Menschen nur aneinander finden können, der eine forsch und draufgängerisch, der andere vorsichtig und harmoniesüchtig. Doch gilt für die beiden das *Gegensätze* Sprichwort »Gegensätze ziehen sich an« in uneingeschränktem Maße. Sie passen tatsächlich zusammen wie der Schlüssel und das Schloß.

So nimmt es auch nicht wunder, daß hier die Liebe auf den ersten Blick öfter vorkommt als bei anderen Tierkreiszeichen-Verbindungen. Man kann sogar sagen, daß sich solche Paare entweder auf Anhieb hervorragend verstehen oder gar nicht. Zwar kann es aus verschiedenen Gründen eine Weile dauern, bis die beiden endgültig zueinanderfinden, doch ist die Entscheidung in Wahrheit schon beim ersten Zusammentreffen gefallen. Möglicherweise reagiert der Stier auf die Eroberungsversuche des Skorpions erst einmal zurückhaltend, doch liegt dies nur in den seltensten Fällen daran, daß er dessen Gefühle nicht erwidert. Im Gegenteil: Er möchte sich davon überzeugen, ob er sich der Gefühle des Skorpions sicher sein kann. Die umgekehrte Konstellation ist genausogut möglich, so daß sich die beiden in manchen Fällen eine Weile umkreisen.

Echte Partnerschaften zwischen diesen Zeichen sind so gut wie immer ausgesprochen lei-*Leiden-* denschaftlich. Dies schließt natürlich Ausein-*schaft* andersetzungen, Streit und Eifersucht mit ein. Doch das gefährdet die Partnerschaft keineswegs, vielmehr intensiviert es die Gefühle füreinander noch.

Am besten verstehen sich die beiden, wenn sie miteinander allein sind. Nur selten wird sich der Freundeskeis des Stier-Partners mit dem des Skorpions verstehen und umgekehrt, dafür sind die beiden – aus der Sicht Außenstehender – einfach zu verschieden. Doch das ist weiter kein Problem, da die beiden ihre gemeinsame Zeit so intensiv wie möglich nutzen möchten, und da wären Dritte nur störend.

Gemeinsame Zeit

Im Laufe der Jahre schafft sich das Paar gemeinsam einen neuen Freundeskreis, doch ist es für eine harmonische Partnerschaft auch wichtig, daß keiner der beiden seine alten Bekanntschaften aufgibt. Das verhindert, daß sich die zwei zu sehr aneinander anpassen. Auf diese Weise kann eine Beziehung noch nach vielen Jahren so intensiv und temperamentvoll wie am Anfang sein.

$$♏ - ♊$$

Skorpion – Zwillinge

Diese beiden Tierkreiszeichen sind sich (ähnlich wie bei der Skorpion-Schütze-Verbindung) so fremd, daß man fast glauben könnte, sie kämen von verschiedenen Planeten. Dennoch sind die Aussichten auf eine harmonische Partnerschaft nicht hoffnungslos: Zum einen können andere Horoskopfaktoren, insbesondere Aszendent und Mond, einen Ausgleich schaffen, zum anderen kann Wesensfremdheit in günstigen Fällen das Interesse am anderen fördern.

Fremdheit

Skorpione sind Idealisten oder sogar Fanatiker, sie sind überzeugt davon, daß sich ihre Utopien mit genügend Engagement auch verwirklichen lassen, daß alles nur eine Frage von

Energie und Konsequenz ist. Diese Einstellung erscheint dem Zwilling wie dem Schützen – gelinde gesagt – ein wenig weltfremd, er kann darin bestenfalls eine Form von positivem Denken ohne praktischen Nährwert sehen. Was beide Zeichen miteinander verbindet, ist jedoch ihre außergewöhnliche Energie. Sie können Rückschläge wegstecken, an denen andere schon längst zerbrochen wären.

Toleranz In Partnerschaften ist hier die größte Herausforderung gegenseitige Toleranz. Der Skorpion braucht die Konfrontation, die direkte Auseinandersetzung, in der er sich reiben kann. Hier hat er beim Zwilling wie bei der Waage keine Chance; beide hassen es, festgenagelt zu werden, und sie werden immer einen Weg finden, um sich den bohrenden Fragen des Skorpions zu entziehen. In den meisten Fällen werden sie Möglichkeiten finden, dem Skorpion recht zu geben, ohne dabei Farbe bekennen zu müssen. Das Ergebnis ist für den Skorpion natürlich unbefriedigend. Zwar hat er sich scheinbar durchgesetzt, doch nicht ganz zu Unrecht fühlt er sich dabei ein wenig ausgetrickst. Der Zwilling wie die Waage verwirklichen ihre Interessen so geschickt, daß der Skorpion überhaupt nicht merkt, daß eine Auseinandersetzung stattgefunden hat. Unmerklich hat er sich die Ansichten des jeweiligen Partners zu eigen gemacht und vertritt nun dessen Meinungen voller Überzeugung als die eigenen. Interessanterweise funktioniert das Spiel auch umgekehrt. Aber natürlich ist es nicht das Ziel einer tragfähigen Partnerschaft, daß man in der Lage ist, sich gegenseitig erfolgreich hinters Licht zu führen.

Doch zum Glück wissen Zwillinge und Skorpione ganz genau, daß für eine harmonische Partnerschaft beide Seiten zufrieden sein müssen, keiner darf sich zu kurz gekommen fühlen. Die Frage, wie sich dieses Problem lösen läßt, können nur die betroffenen Partner immer wieder aufs neue und auf ihre ganz persönliche Art beantworten. Langweilig wird eine solche Beziehung sicherlich nie.

Aufgaben

♏ ♋

Skorpion – Krebs

Die Chancen, miteinander gut auszukommen, sind hier sehr gut. Fast immer werden Angehörige dieser Zeichen sich auf Anhieb verstehen. Gemeinsam ist ihnen die gefühlsbetonte und tiefgründige Lebenseinstellung. Krebse wollen wie Skorpione den Menschen, seine Abgründe und seine starken Seiten verstehen können. Sie haben eine instinktive Abneigung gegen alles Oberflächliche. Wenn sie sich gemeinsam mit etwas beschäftigen, dann entweder richtig oder gar nicht. In geschäftlicher Zusammenarbeit kann dies ausgesprochen nützlich sein, denn was sie anpacken, führen sie auch zu Ende. Vielleicht ist der Skorpion ausdauernder und zuverlässiger, dafür hat der Krebs mehr Ideen und ist flexibler, wenn umgedacht werden muß.

Aber auch in Liebesbeziehungen ist diese Konstellation außergewöhnlich erfolgversprechend. Dies gilt in besonderem Maße für solche Paare, die beruflich zusammenarbeiten oder gemeinsam sozial oder gesellschaftlich engagiert sind.

Erfolgversprechende Konstellation

Harmonie

Diese Zeichen harmonieren sehr. Das heißt nicht, daß es in einer solchen Beziehung keine Probleme geben könnte, genausowenig wie eher schwierige Tierkreiszeichen-Verbindungen zum Scheitern verurteilt sind. Wer sich ideal ergänzt, kann im Zweifelsfalle ebenso »ideal« miteinander streiten, da beide die Motive des anderen besonders gut erkennen und damit eben auch kritisieren können. Verbindungen zwischen Tierkreiszeichen, die weniger miteinander harmonieren, bieten weniger gegenseitige Angriffsfläche, wodurch Auseinandersetzungen seltener und weniger intensiv auftreten.

Eine solche Partnerschaft hat die besten Chancen, erfolgreich zu verlaufen, wenn beide bereit sind, von den Stärken des anderen zu profitieren, und bei dessen Schwächen ein Auge zudrücken: Der Skorpion ist dem Krebs vielleicht manchmal ein wenig zu dogmatisch, festgefahren und rechthaberisch. Der Krebs ist für den Skorpion oft zu weltfremd, verträumt und stimmungsabhängig. Aber schließlich ist niemand vollkommen, und die Gemeinsamkeiten überwiegen doch deutlich.

$$♏ - ♌$$

Skorpion – Löwe

Unter-
schiede

Skorpione und Löwen sind von ihrem Wesen her sehr verschieden. Doch das Fremde macht bekanntlich auch neugierig. Mit ein wenig gutem Willen können sich die beiden Partner gut ergänzen, wenn sie erst einmal genügend Verständnis füreinander aufgebaut haben. Einfach wird es dadurch noch lange nicht, aber »einfach« – das ist auf Dauer gesehen keine Beziehung, die diesen Namen verdient, oder?

Löwen unterliegen häufig dem Irrtum, sich dem Skorpion gegenüber überlegen zu fühlen, da sie dazu neigen, selbstbewußter aufzutreten. Es braucht eine Weile, bis sie merken, daß sie vielleicht schneller und mit größerer Lautstärke handeln, aber nicht unbedingt effektiver. Wo der Löwe spontan und voller Begeisterung, ohne groß nachzudenken, loslegt, spinnt der Skorpion im Hintergrund seine Netze und erreicht damit ohne große Worte wesentlich mehr. Der Löwe-Partner muß lernen, für eine erfolgreiche Partnerschaft sein Dominanzstreben zurückzunehmen, um unnötige und belastende Auseinandersetzungen zu vermeiden. *Ausgleich* Der Skorpion hingegen ist gefordert, sich vom Temperament des Löwen nicht ins Bockshorn jagen zu lassen. Die Erfahrung hat gezeigt, daß Skorpione ungewöhnlich häufig Angst vor dem Selbstbewußtsein und dem Kampfwillen der Löwen haben, dabei sind es eher die Löwen, die die Skorpione fürchten sollten. Es ist wie in der Natur: Der Löwe ist vielleicht größer und brüllt lauter, doch durch einen Stich des Skorpions kann er schnell und unvermittelt zu Tode kommen, während der Löwe dem Skorpion kaum etwas anhaben kann.

Zu Beginn einer Bekanntschaft neigt der Skorpion dazu, den Löwen fast kritiklos zu bewundern, was dieser sich natürlich beliebig lange gefallen läßt. Es wird dem Skorpion schwerfallen, auch nur angemessen zu Wort zu kommen, denn bevor der einen Gedankengang des durch eindrucksvolle Selbstdarstellungen beeindruckenden Löwen nachvollzogen hat, ist dieser schon längst bei einem anderen Thema. So entsteht schnell der Trugschluß, daß sein Gegenüber praktisch alles weiß und kann – und es kein Problem gäbe, das dieser nicht in kürzester Zeit lösen könnte. Staunend nimmt der Skorpion den Mut und das Selbstbewußtsein des Löwen zur Kenntnis, während er selbst eher vorsichtig und bedächtig zu Werke geht, wie er meint. Schnell findet der Skorpion jedoch heraus, daß der Löwe ein wenig dazu neigt, zu bluffen, nur um Eindruck zu schinden. Auch der Hang des Löwen, die Dinge in einem für ihn günstigen Licht erscheinen zu lassen, entgeht dem Skorpion nicht. So weicht die Bewunderung bald einer eher kritischen Haltung, und mit Kritik an ihrer Person wollen Löwen nichts zu tun haben.

Ergänzung

Wenn beide fähig und willens sind, diese Klippen zu umschiffen, können sich Spontaneität und Zuverlässigkeit, Lebensfreude, Machtinstinkt und Leidenschaft auf faszinierende Weise ergänzen. Der Weg zu einer tragfähigen Beziehung ist dabei wie gesagt nicht leicht. Doch ist eine solche erreicht, wird es kaum eine Herausforderung geben, der die beiden nicht gewachsen wären.

$$\text{♏}_\text{─} \text{♍}$$

Skorpion – Jungfrau

Interessante Verbindung

Dies ist – ähnlich wie die Kombination Skorpion/Fische – eine der interessantesten Verbindungen zwischen zwei Tierkreiszeichen.

Jungfrau und Skorpion sind verschieden
genug, um sich nicht in die Quere zu kommen,
und einander doch so ähnlich, um hervorragend zusammenzupassen.

Die wenigen Jungfrau-Geborenen, die probieren, einen Skorpion herumzukommandie-
ren, geben diesen zum Scheitern verurteilten
Versuch sehr schnell wieder auf. Skorpione
lassen sich von jedem Vorschriften machen –
nur um sie vollständig zu ignorieren. Wenn es
ein Tierkreiszeichen gibt, das gegen autoritäres Auftreten und Sturheit bei anderen immun
ist, dann dieses. Jungfrauen halten selten
etwas von raffinierten Manipulationen – was
einer nicht freiwillig tut, soll er eben lassen.
Das mag nicht unbedingt für das Berufsleben
gelten, aber für ihren persönlichen Umgang.

Was einen Skorpion an der Jungfrau faszi- *Faszination*
niert, ist der Charme der Nüchternheit. Denn
ersterer ist es gewohnt, mit charmanten Lügen
umzugehen. Skorpione wissen, wie man sich
Menschen entzieht, die einem Schuldgefühle
machen wollen, und sie können sich gegen Erpressungen zur Wehr setzen. Wenn einer jedoch entweder geradeheraus sagt, was er denkt
und will, oder ansonsten einfach schweigt, sind
sie erst einmal sprach- und anschließend wehrlos. Nicht umsonst spricht man hier von entwaffnender Offenheit. Viele Skorpione sind
von dieser Charaktereigenschaft der Jungfrau
so fasziniert, daß dies bereits ausreicht, um
sich in sie zu verlieben. Die Jungfrau schätzt
am Skorpion wiederum seine unglaubliche
Willensstärke und sein Rückgrat und daß er
sich durch keinen äußeren Druck beirren läßt.
Für sie ist der Skorpion wie ein Adler unter lau-

ter Hühnern. (»Fly with the eagle or scratch with the chicken.« [Flieg mit dem Adler, oder scharre mit den Hühnern.]) Die Jungfrau bewundert die Fähigkeit des Skorpions, sich gesellschaftlichen Konventionen zu entziehen, und sie ist fasziniert von seinem Mut zum eigenen Stil. So verbindet diese so verschiedenen Charaktere schon zwei Dinge: die Abneigung gegen jede Form von Anpassung und Unterdrückung und der Mut, auch gegen äußeren Widerstand seinen eigenen Weg zu gehen.

Gemeinsame Abneigungen

In Partnerschaften, die auf Dauer angelegt sein sollen, ist es – wie bei der Skorpion-Fische-Verbindung – selten ein Problem, daß sich beide genügend Freiheiten einräumen, dies ist für zwei so eigenständige Naturelle eine der leichtesten Übungen. Manche erfolgversprechende Partnerschaft ist allerdings schon daran gescheitert, daß der Skorpion zu eifersüchtig und zu besitzergreifend war. Zwar läßt sich die Jungfrau um der Liebe willen einiges bieten, aber alles hat eben auch seine Grenzen. Nimmt ihr ein machtbesessener Skorpion die Luft zum Atmen, bleibt ihr kein anderer Weg als der Rückzug. Obwohl der Skorpion nach außen hin meist als der stärkere Part der Beziehung auftritt, ist er es, der nach der Trennung leidet, während die Jungfrau schon längst mit diesem Kapitel ihres Lebens abgeschlossen hat.

♏ – ♎

Skorpion – Waage

Enge Beziehungen und erfolgreiche Partnerschaften kommen zwischen diesen Zeichen nicht besonders oft vor. In der Regel ist die Waage dem Skorpion zu glatt und oberflächlich, während der Skorpion von der Waage eher als dogmatisch, radikal oder gar als bedrohlich empfunden wird.

Dennoch gibt es Chancen für eine harmonische Beziehung: Zum einen können andere Horoskopfaktoren, insbesondere Aszendent und Mond, einen Ausgleich schaffen, zum anderen kann Wesensfremdheit in günstigen Fällen das Interesse am anderen fördern. Skorpione sind Idealisten oder sogar Fanatiker, sie sind überzeugt davon, daß sich ihre Utopien mit genügend Engagement auch verwirklichen lassen. Sie glauben daran, daß alles nur eine Frage von Energie und Konsequenz ist. Diese Einstellung ist der Waage eher fremd, ihr liegen weder übertriebene Anstrengungen noch zwanghafte Entschlossenheit, die sich durch die Realität nicht irritieren läßt. Im Grunde ihres Herzens sind ihr alle Extreme zuwider. Was beide Zeichen miteinander verbindet, ist jedoch ihr Idealismus, auch wenn er von ihnen sehr unterschiedlich gelebt wird. Beide halten diese Welt für verbesserungswürdig, und sie glauben daran, daß sie sich auch tatsächlich verbessern läßt. Die Waage versucht, die kleinen Annehmlichkeiten des Alltags zu mehren, um so langsam, aber sicher die eigene Lebensqualität und die anderer zu steigern, während der Skorpion eher zu weitgesteckten Utopien, zum großen Wurf neigt, um Probleme mit einem Schlag aus der Welt zu schaffen.

In Partnerschaften ist hier die größte Herausforderung gegenseitige Toleranz. Der Skor-

Chancen

Verbindung

*Ausein-
ander-
setzungen*

pion braucht die Konfrontation, die direkte Auseinandersetzung, in der er sich reiben kann. Hier hat er wie beim Zwilling bei der Waage keine Chance; sie haßt es, festgenagelt zu werden, und sie wird immer eine Möglichkeit sehen, sich den bohrenden Fragen des Skorpions zu entziehen. In den meisten Fällen wird sie einen Weg finden, dem Skorpion recht zu geben, ohne dabei Farbe bekennen zu müssen. Das Ergebnis ist für den Skorpion natürlich unbefriedigend. Zwar hat er sich scheinbar durchgesetzt, doch nicht ganz zu Unrecht fühlt er sich dabei ein wenig ausgetrickst. Die Waage wie der Zwilling verwirklichen ihre Interessen so geschickt, daß der Skorpion überhaupt nicht merkt, daß eine Auseinandersetzung stattgefunden hat. Ohne es zu merken, hat er sich die Ansichten des Waage-Partners zu eigen gemacht und vertritt nun dessen Meinungen voller Überzeugung als die eigenen. Interessanterweise funktioniert dieses Spiel auch umgekehrt. Aber natürlich ist es nicht im Sinne einer tragfähigen Partnerschaft, daß man in der Lage ist, sich gegenseitig erfolgreich hinters Licht zu führen.

*Beider-
seitige Zu-
friedenheit*

Doch zum Glück wissen Waagen und Skorpione ganz genau, daß für eine harmonische Partnerschaft beide Seiten zufrieden sein müssen, keiner darf das Gefühl haben, er sei zu kurz gekommen. Die Frage, wie sich dieses Problem lösen läßt, können nur die betroffenen Partner immer wieder aufs neue und auf ihre ganz persönliche Art beantworten. Langweilig wird eine solche Beziehung sicherlich nie.

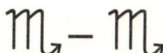

♏ – ♏

Skorpion – Skorpion

Bei allen Beziehungen, die demselben Tierkreiszeichen angehören, ergeben sich die gleichen, nur scheinbar widersprüchlichen Re-
geln. Zum einen gilt natürlich das Sprichwort
»Gleich und gleich gesellt sich gern«. Allerdings ist dies eher für freundschaftliche Verbindungen als unbedingt für Liebesbeziehungen gültig. Schließlich sucht man im Partner
weniger den Spiegel seiner selbst als vielmehr
die Ergänzung. Sich selbst meint man ja mehr
oder weniger zu kennen, aber das Gegenstück
zum eigenen Charakter übt immer einen besonderen Reiz aus.

Ähnlichkeiten im Wesen und im Verhalten
sind sicherlich eine große Hilfe, um Mißverständnisse zu vermeiden, doch tragen sie
nicht unbedingt zu einer Steigerung der gegenseitigen Toleranz bei. Menschen neigen in
vielen Situationen eher dazu, für die eigenen
Schwächen bei anderen weniger Verständnis
aufzubringen als für solche Schwierigkeiten,
mit denen sie selbst niemals zu kämpfen hatten. Der Logik nach sollte es anders sein,
schließlich scheint es nicht vernünftig und un-
gerecht, dem Partner Unzulänglichkeiten vor-
zuwerfen, die man selbst besitzt. Doch niemand läßt sich gern den Spiegel vorhalten,
wenn er darin gerade unvorteilhaft aussieht.
Dies mag eine Erklärung sein. Ein weiterer Ge-
sichtspunkt ist die Abneigung gegen Gewohn-
heiten, denen man selbst einmal gefrönt hat.
Man denke nur an das Verhalten einiger ehe-

Ähnlich-
keiten

maliger Raucher, die um ein Vielfaches intoleranter gegenüber Nochrauchern sein können als so manche, die niemals eine Zigarette angerührt haben. Doch natürlich ist es immer eine Frage des Entwicklungsniveaus, inwieweit man die eigenen Schwächen anderen Menschen zum Vorwurf macht. Im günstigen Falle können zwei Skorpione ein Team sein, das sich blind versteht und gemeinsam alle Herausforderungen des Lebens meistert.

Falls Aszendent oder Mond nichts anderes aussagen, sind solche Partnerschaften nur selten besonders leidenschaftlich. Der Nachteil mag sein, daß ekstatische Höhepunkte rar sind oder gar nicht vorkommen. Dafür bleiben ihnen jedoch auch in aller Regel die Abgründe krankhafter Eifersucht sowie zermürbender Auseinandersetzungen erspart. Partnerschaften, die einige Jahre lang gutgegangen sind, haben mehr Aussichten als die Verbindungen anderer Tierkreiszeichen, auch auf Dauer bestehen zu können.

$$♏ - ♐$$

Skorpion – Schütze

Faszination und Mißverständnisse

Die Verbindung dieser Tierkreiszeichen ist nicht ohne Tücken. Gegenseitige Faszination, aber auch zahlreiche Mißverständnisse prägen vor allem die Anfangsphase einer solchen Bekanntschaft. Selbst wenn das Interesse aneinander groß genug ist, um diese Klippen zu umschiffen, so wird es doch in aller Regel eine ganze Weile dauern, bis sich beide zusammengerauft haben.

Der Schütze tut sich oft schwer mit der manchmal ein wenig dogmatischen oder gar fanatischen Art des Skorpions. Der wiederum neigt dazu, den Schützen für ein wenig zu locker oder sogar für oberflächlich zu halten. Dennoch wird er nicht umhinkönnen, dessen Toleranz und Weltoffenheit zu bewundern. Der Schütze respektiert mehr oder weniger zähneknirschend den Mut und die Konsequenz des Skorpions. In vielerlei Hinsicht sind sich die beiden Tierkreiszeichen (ähnlich wie bei der Skorpion-Zwillinge-Verbindung) allerdings so fremd, als kämen sie von verschiedenen Planeten. Dennoch sind die Chancen auf eine harmonische Partnerschaft nicht unbedingt schlecht: Zum einen können andere Horoskopfaktoren, insbesondere Aszendent und Mond, einen Ausgleich schaffen, zum anderen kann Wesensfremdheit in günstigen Fällen das Interesse an anderen Menschen fördern. *Unterschiede*

Schützen sind Idealisten im Sinne von Optimisten, sie weigern sich, daran zu glauben, daß es nicht für jedes Problem eine friedliche und einvernehmliche Lösung gibt. Sie sind davon überzeugt, daß alles nur eine Frage des guten Willens und der Toleranz ist. Diese Einstellung erscheint dem Skorpion wie dem Zwilling – gelinde gesagt – außergewöhnlich optimistisch, er kann darin bestenfalls eine schöne Utopie sehen. Was beide Zeichen miteinander verbindet, ist jedoch ihr tiefverwurzelter Gerechtigkeitssinn. Die Schützen sind nicht so unrealistisch, zu glauben, daß es in unserer Welt keine Unterdrückung, keine Diskriminierung oder keine Benachteiligung von *Gerechtigkeitssinn*

Schwachen gäbe. Zwar sind sie davon überzeugt, daß mit Aufklärung und Verhandlungen
diese Probleme langfristig gelöst werden können, doch kann sich ein Skorpion ihrer Sym-
pathie sicher sein, der seine Rechte verteidigt,
auch wenn der Schütze mit der Wahl der Mit-
tel in vielen Fällen nicht einverstanden ist.
Der Schütze hingegen kann vom Skorpion ein
wenig mehr praktischen Realitätssinn erlernen, schließlich nützt der größte Optimismus
nichts, wenn jemand gerade damit beschäftigt
ist, einem die Geldbörse zu stehlen.

Toleranz

In Partnerschaften ist die größte Herausforderung gegenseitige Toleranz. Das mag dem
Schützen vielleicht nicht allzu schwer fallen,
doch der Skorpion hat seine Probleme damit.
Er braucht die Konfrontation, die direkte Auseinandersetzung, in der er sich reiben kann.
Hier wird ihn der Schütze wohl eher ins Leere
laufen lassen. Aber anstrengende Diskussio-
nen und Streitgespräche kann man ja auch
mit Freunden und Bekannten führen, dies
muß nicht zwangsläufig in der Partnerschaft
ausgetragen werden.

$$\text{♏ – ♑}$$

Skorpion – Steinbock

*Vielver-
sprechende
Verbindung*

Die Verbindung dieser Tierkreiszeichen ist
vielversprechend, zumindest solange zwischen
beiden keine grundsätzlichen Meinungsverschiedenheiten bestehen. So gut wie immer
werden sie sich auf Anhieb verstehen. Allerdings sind beide ein wenig dickköpfig und können sich mit für andere kaum nachvollziehba-

rer Ausdauer über die merkwürdigsten Themen auseinandersetzen.

Der Steinbock hat keine Probleme mit der
zuweilen ein wenig undiplomatischen und direkten Art des Skorpions. Das erleichtert es
ihm, seine manchmal auch etwas anstrengende Fassade fallenzulassen, sich offener zu
äußern und mehr aus sich herauszugehen, als
er sich das normalerweise gestattet. Er fühlt
sich in der Gesellschaft des Skorpions wohl,
vor allem wenn sich dieser aufrichtig für das,
was der Steinbock zu erzählen hat, interessiert. Der Steinbock ist einfach von dessen
Idealismus, Mut und Leidenschaftlichkeit fasziniert. Der Skorpion wiederum schätzt den
Gerechtigkeitssinn und die Ausdauer des
Steinbocks sowie dessen Selbstdisziplin. Die
zahlreichen Skrupel, das große Verantwortungsgefühl und die Angst, Fehler zu machen,
vermag den Skorpion regelrecht zu lähmen.
Hier kann ihm die praktische und nüchterne
Ader des Steinbocks helfen.

In Liebesbeziehungen sind die Chancen für *Chancen*
diese Konstellation in besonderem Maße für
Paare gut, die auch beruflich zusammenarbeiten oder gemeinsam sozial und gesellschaftlich engagiert sind.

So unterschiedlich diese beiden Tierkreiszeichen auch sind, gemeinsam ist ihnen ihr
Eigensinn und ihre Starrköpfigkeit. Außenstehende mögen sich kopfschüttelnd fragen, wie
ein solches Paar es fertigbringt, selbst über Ne-
bensächlichkeiten stundenlang erbittert zu
debattieren, um dann endlich einen Kompro-
miß zu finden, der beiden recht gibt und keinen das Gesicht verlieren läßt.

*Unter-
schiedliche
Charaktere*

In der Regel dauert es eine ganze Weile, bis diese doch sehr unterschiedlichen Charaktere sich eine gemeinsame Basis erarbeitet haben. In Freundschaften und Geschäftsbeziehungen kommt die Motivation, die schwierige Anfangsphase meistern zu wollen, tatsächlich häufig aus der bewußten oder unbewußten Einsicht, daß sich die »Investition« für beide Seiten früher oder später lohnen wird. In Liebesbeziehungen ist es oft eine außergewöhnlich starke erotische Anziehung, welche die großen Temperamentsunterschiede vergessen läßt und vielen Auseinandersetzungen die Spitze nimmt. Verbindungen, die diese Phase heil überstehen, haben gelernt, den anderen so zu nehmen, wie er ist, und die völlig unterschiedliche Persönlichkeit des Partners als Bereicherung und nicht als Manko aufzufassen. Dort, wo sie ein gemeinsames Lebenskonzept aufgebaut haben, ziehen sie an einem Strang, und kaum jemand hat noch eine Chance, einen Keil zwischen die beiden zu treiben, dafür haben sie sich die gemeinsame Basis zu hart erarbeitet. Bei Themen hingegen, bei denen die Persönlichkeits- und Temperamentsunterschiede unüberbrückbar sind, läßt man sich gegenseitig so viel Freiraum, daß keiner den anderen behindert.

$$\text{♏}\rightarrow - \text{♒}$$

Skorpion – Wassermann

*Proble-
matische
Verbindung*

In den meisten Astrologiebüchern wird diese Verbindung als sehr problematisch angesehen und als hoffnungslos zum Scheitern verurteilt.

Glücklicherweise ist dem mitnichten so. Denn beide Zeichen können sich unter bestimmten Voraussetzungen hervorragend ergänzen, auch wenn ihre Temperamente kaum unterschiedlicher sein können.

Der Wassermann mag zum voreiligen Handeln neigen, während der Skorpion – ähnlich der Jungfrau – vielleicht allzu vorsichtig oder gar zögerlich an die Dinge herangeht. Doch können beide viel voneinander lernen: Der Skorpion kann dem Wassermann vermitteln, wie man sein Leben möglichst effektiv organisiert und plant. Er weiß, wie man sein Geld am besten anlegt, wie man sein Haus am besten instand hält und welche Weinsorte am besten schmeckt.

Der Wassermann hingegen kann dem Skorpion ein Vorbild sein, wenn es darum geht, *Aufgaben* sich von den Schatten der Vergangenheit zu lösen und voller Energie einen Neuanfang zu wagen. Er kann zeigen, wie man intuitiv mit leichter Hand unerwartete Probleme meistert, denen der Skorpion wie gelähmt gegenüberstände. Auch in persönlichen Auseinandersetzungen kann der Skorpion vom Wassermann lernen, kann ersterer doch nur »dichtmachen« oder den Ort des Geschehens tief gekränkt verlassen, wenn sich jemand über die Spielregeln des guten Benehmens einfach hinwegsetzt und sich ihm gegenüber beleidigend oder unverschämt verhält. Der Wassermann hätte den anderen bereits mit einer schnippischen Bemerkung der allgemeinen Lächerlichkeit preisgegeben, während der Skorpion immer noch darüber nachsinnt, ob er handgreiflich werden oder besser das Feld räumen soll.

♏ – ♓

Skorpion – Fische

Dies ist – ähnlich wie die Kombination Skorpi-
on/Jungfrau – eine der interessantesten Verbindungen zwischen zwei Tierkreiszeichen.
Verschieden- Skorpion und Fische sind verschieden genug,
artigkeit um sich nicht in die Quere zu kommen, und
einander doch so ähnlich, um hervorragend
zusammenzupassen.

Die wenigen Skorpion-Geborenen, die – umgekehrt wie bei der Verbindung Skorpion/
Jungfrau – probieren, Fische herumzukom-
mandieren, geben diesen zum Scheitern verurteilten Versuch sehr schnell wieder auf. Fische
lassen sich von jedem Vorschriften machen –
um sie auf der Stelle zu vergessen. Wenn es ein
Tierkreiszeichen gibt, das gegen autoritäres
Auftreten und Sturheit bei anderen immun ist,
dann dieses. Entwickelte Skorpione halten nur
in echten Notfällen etwas von raffinierten Manipulationen – was einer nicht freiwillig tut,
soll er eben lassen. Das mag nicht unbedingt
für das Berufsleben gelten, aber für ihren persönlichen Umgang.

Was einen Fische-Geborenen an einem
Faszination Skorpion fasziniert, ist – umgekehrt wie bei der
Skorpion-Jungfrau-Verbindung – der Charme
der Unverblümtheit und das Charisma bedin-
gungsloser Konsequenz. Fische sind es wohl
gewohnt, mit schmeichelhaften Lügen umzugehen, sie wissen, wie man sich Menschen entzieht, die einem Schuldgefühle machen wollen,
und sie können sich gegen Erpressungen zur
Wehr setzen. Wenn einer jedoch geradeheraus

sagt, was er denkt und will, sind sie erst einmal
sprach- und anschließend wehrlos. Nicht umsonst spricht man hier von entwaffnender Offenheit. Viele Fische sind von dieser Charaktereigenschaft des Skorpions so fasziniert, daß
dies bereits ausreicht, um sich in sie zu verlieben. Der Skorpion schätzt am Fisch wiederum
das Außergewöhnliche und Exotische. Für ihn
ist der Fisch wie ein Paradiesvogel in einer ansonsten grauen Alltagswelt. Der Skorpion bewundert die Fähigkeit des Fischs, sich gesellschaftlichen Konventionen zu entziehen, und
er ist fasziniert von dessen Mut zum eigenen
Stil. So verbinden diese so verschiedenen Charaktere schon zwei Dinge: die Abneigung gegen
jede Form von Anpassung und Unterdrückung
sowie der Mut, auch gegen äußeren Widerstand
seinen eigenen Weg zu gehen.

In Partnerschaften, die auf Dauer angelegt
sein sollen, ist es – wie bei der Skorpion-Jungfrau-Verbindung – selten ein Problem, daß sich
beide genügend Freiheiten einräumen, dies ist *Freiheiten*
für zwei so eigenständige Naturelle eine der
leichtesten Übungen. So manche erfolgversprechende Partnerschaft ist allerdings schon daran
gescheitert, daß der Fische-Geborene zu lange
zauderte und sich weder zu einem klaren »Ja«
noch zu einem eindeutigen »Nein« durchringen
konnte. Zwar kämpft der Skorpion engagiert und
ausdauernd um sein Glück, doch selbst seine
Geduld währt nicht ewig. So hat es schon häufiger Fälle gegeben, in denen das lang ersehnte
»Ja« des Fisches um einige Tage zu spät kam.

Paare dieser Konstellation sollten deshalb
genau prüfen, ob sie beieinanderbleiben wollen, sich bei der Entscheidung jedoch nicht

unnötig viel Zeit lassen. Sonst entscheiden sich die Dinge von allein, ohne daß dies immer im Sinne der Beteiligten wäre.

Was sonst noch zum Skorpion paßt

In diesem Kapitel sind Entsprechungen des Skorpion-Prinzips – sogenannte Analogien – zusammengestellt. Darunter versteht man in diesem Zusammenhang Ähnlichkeiten und Verwandtschaften, die sich einem Tierkreiszeichen zuordnen lassen, ohne daß sie ursächlich, also kausal, miteinander verbunden wären.

Entspre-
chungen

Wie können diese Analogien praktisch genutzt werden? Wenn Sie selbst ein Skorpion sind und die positiven Eigenschaften Ihres Tierkreiszeichens fördern und betonen wollen, können Sie unter den im folgenden aufgeführten Entsprechungen diejenigen aussuchen, die Ihnen besonders zusagen, und sie in Ihr Leben einbeziehen.

So können Sie zum Beispiel bevorzugt Kleidung in den Farben tragen, die Ihrem Tierkreiszeichen entsprechen. Sie können das Essen mit Gewürzen abstimmen, in Ihren Garten die Pflanzen setzen, an Orte in den Urlaub fahren, die Hobbys oder Berufe wählen, die zu Ihrem Tierkreiszeichen passen, und so weiter. Obwohl es sich hier nur um eine allgemeine Typologie handelt, werden Sie bald erstaunliche Wirkungen feststellen: Sie werden immer

Selbst-
findung

mehr Sie selbst und entwickeln ein immer genaueres Gespür dafür, was zu Ihnen paßt, was Ihnen guttut und was Sie eher meiden sollten. Ihre Gesundheit und Ihr seelisches Gleichgewicht werden davon profitieren.

ZODIACUS CIRCULUS

Zoducus circt

Wenn Sie einen Skorpion kennen und schätzen, kann Ihnen diese Liste zum Beispiel bei der Suche nach einem passenden Geschenk helfen. Wenn Ihr Kind ein Skorpion ist, können Sie Anregungen für den passenden Sportverein finden und so fort.

Geschenke

Farben: Blutrot, Giftgrün, Rot und Schwarz, Schwarz und Weiß; intensive, spannungsreiche Farben, phosphoreszierende Farben.
Geruch: faulig, verwesend, scharf, stinkend, modrig (Gärungs- und Fäulnisprozesse [Kompost] als Grundlage neuen Lebens).

Geschmack

Geschmack: scharf, ätzend, faulig, verdorben.

Signatur (Form und Gestalt): starke Kontraste, intensiv, bohrend, eindringlich, extrem, herausfordernd; verdeckt, hintergründig.

Pflanzen allgemein: fleischfressende, verlockend blühende, intensiv duftende, aber häufig giftige Pflanzen, Schmarotzerpflanzen; Fliegenpilz; Vogelbeere; Moosarten.

Bäume, Sträucher: Thuja, Eibe, Feigenbaum.

Gemüse, Obst: Rettich, Radieschen, Lauch, Knoblauch; Feige, Heidelbeere.

Blumen: Orchideen, Herbstzeitlose.

Gewürze: Meerrettich, Brunnenkresse, Chili.

Heilpflanzen: Kalmus, Knoblauch, Nieswurz, Schlafmohn, Bilsenkraut (Hyoscyamus), Tollkirsche, Stechapfel (Datura), Kubebenpfeffer.

Tiere: Beutegreifer; Amphibien; Echsen, Reptilien; Skorpion, Maulwurf, Schlange, Krokodil, Pirhana, Hai, Kröte, Tintenfisch, Oktopus, Krake, Muräne, Aal; Hyäne; Dobermann, Bulldogge; Geier (Aasgeier); Zebra; Stechmücke, Zecke, Mistkäfer, Laus, Schmeißfliege; Fledermaus.

Materialien: Stahl, Leder, Hanf; Humus, Kompost; Lava.

Mineralien, Metalle: Onyx, Asbest, Platin, dunkler Granat; Eisen, Plutonium; Erdöl.

Landschaften

Landschaften: Sumpflandschaften, Moor, vulkanisches Gebiet (Lanzarote), Kraterlandschaften, heiße Quellen und Geysire; Mangrovenwälder, dichter Dschungel (Amazonas); Inseln, Island.

Berufe: alle Berufe, die eine starke Herausforderung darstellen und ein Anreiz für persönlichen Leistungsehrgeiz sind; Berufe, die Spürsinn, Tiefgang, Forschertalent und Durchsetzungs-

vermögen verlangen; Berufe, die einer übergeordneten Idee unterstehen oder sich ihr ver-
schrieben haben (häufig die Idee der »Korrektur
am Leben«); Berufe, die kriminalistische bzw.
analytische Fähigkeiten verlangen oder die
Verborgenes aufdecken oder sich mit okkulten
Themen befassen; Berufe, die mit Entsorgung
oder Abfallbeseitigung zu tun haben; Psycho-
loge, Psychiater, Therapeut, Psychoanalytiker;
Graphologe; Hypnotiseur; Chirurg, Gynäkologe,
Röntgenologe, Heilpraktiker, Unfallarzt, Urolo-
ge; Berufe im Hygiene- und Sanitärbereich;
Konjunkturforscher; Tätigkeiten bei der experi-
mentellen Rohstoffuntersuchung; Entdecker;
Höhlenforscher; Biologe; Pharmazeut, Chemi-
ker, Apotheker; Beschäftigter im Sicherheits-
dienst; Agent, Polizist, Detektiv, Kriminologe;
Militär; Tiefbauingenieur; Kfz-Mechaniker,
Schlosser, Schweißer, Dreher, Schmied; Ver-
werter von Abfallprodukten (Recycling); Brauer
(Gärungsprozesse); Schädlingsbekämpfer und
Desinfektionsmittelhersteller; Totengräber, Lei-
chenbestatter; Scharfrichter; Gefängniswärter;
Philosoph; Theologe; Mystiker.

Hobbys, Sportarten: Die Hobbys des Skorpions *Hobbys*
unterliegen häufig dem Zwang zu Perfektionis-
mus; spielerischer Genuß und Loslassen machen eventuell Mühe. Ansonsten Hobbys, die
tiefgründiges Eindringen in die Materie ermög-
lichen – wie Psychologie, Philosophie, Esoterik;
Kriminal- und Spionagefilme sowie -romane;
Sportarten, die extremes Durchhaltevermögen
und Disziplin erfordern: Kampfsportarten, Ma-
rathonlauf.

Verkehrsmittel: U-Bahn; U-Boot, Amphibien-
fahrzeug.

Wohnstil: Die Einrichtung steht unter einem Motto bzw. entspricht einer übergeordneten Idee; die Form ist wichtiger als die Bequemlichkeit (zum Beispiel japanisch, Zen-Stil).

Wochentag: nach dem klassischen Zeichenherrscher Mars der Dienstag (französisch *Mardi* bzw. italienisch *Martedì* = »Tag des Mars«).

Gesell-schaftsform

Gesellschaftsform: Staaten, in denen der Geheimdienst sehr mächtig ist oder in denen Partisanenkämpfer agieren (auch viele Untergrundkämpfer sind Skorpione); Polizeistaat; ideologisch orientierte Staaten.

Entsprechungen auf der Ebene des menschlichen Körpers: Urogenitaltrakt, Harnröhre, Enddarm, After, Prostata, Mastdarm, Nierenbecken; Steißbein; Nase; Genitalorgane; Blinddarm; Weisheitszähne, Mandeln.

Krankheiten allgemein: Krankheiten der Geschlechtsorgane, Störungen bei den Ausscheidungsfunktionen; Autoaggressionskrankheiten, Allergien; Krankheiten mit tödlichem Ausgang (Krebs); Verwachsungen (Buckel).

Zahlen: nach der klassischen Mars-Zuordnung die 9 und ihre Vielfachen (nach der neuen Pluto-Zuordnung wären es die 10 und die 17).

Ein typisches Skorpion-Märchen:
Ruswanschad und Schachristani

In alten Zeiten lebte in Tschina ein junger König mit Namen Ruswanschad. Oft ging er auf die Jagd, doch eines Tages erblickte er eine weiße Hirschkuh, die hatte goldene Ringe um ihre Läufe, und auf dem Rücken trug sie eine Seidendecke. Der König war bezaubert von dem edlen Tier und wollte es unbedingt erjagen, doch es floh vor ihm in schnellen, grazilen Sprüngen. Schon wollte er die Hoffnung aufgeben, da sah er die Hirschkuh an einer Quelle im Gras liegen. Rasch ritt er auf sie zu, doch sie sprang behend auf, stürzte sich ins Wasser und war verschwunden. Sosehr der König auch suchte, sie tauchte nicht wieder auf.

Der König schickte sein Gefolge zurück an den Hof, nur seinen treuen Wesir hieß er bleiben.

»Wir wollen hier die Nacht verbringen«, sagte er und erzählte dem Wesir, was er erlebt hatte. »Vielleicht kommt die Hirschkuh wieder aus dem Wasser. Doch ich bin so müde, wache du und wecke mich, wenn du etwas bemerkst.«

Der Wesir versprach, wach zu bleiben, doch auch ihm fielen bald die Augen zu. Plötzlich fuhren beide aus dem Schlaf: Ein wunderbares Lied war zu hören, und vor ihnen stand ein hell erleuchteter Palast.

»Was ist das für ein Palast?« fragte der König den Wesir.

»O Herr«, erwiderte dieser bedrückt, »es geht nicht mit rechten Dingen zu. Wären wir nur niemals hiergeblieben. Ein böser Zauber ist am Werk!«

Doch der König fürchtete sich nicht und forderte den Wesir auf, ihn in den Palast zu begleiten. Das Tor stand weit offen. Sie betraten einen herrlich geschmückten Saal, in dem saß ein wunderschönes Mädchen auf einem Thron, umgeben von ihren Dienerinnen, die sangen und spielten auf der Laute dazu. Erschrocken schwiegen sie, als sie die beiden Männer sahen.

Der König trat vor das schöne Mädchen, verneigte sich tief und sagte: »O Königin, bist du ein Wesen aus Fleisch und Blut, oder hält mich ein Traum zum Narren?«

Sie lächelte und gab zur Antwort: »Du siehst mich, wie ich bin, doch ich bin auch jene Hirschkuh, die du heute erjagen wolltest. Ich habe von Geburt an die Gabe, mich zu verwandeln, und ich kann sichtbar und unsichtbar sein, so wie ich will. Doch beunruhige dich nicht, ich habe nichts Böses im Sinn.«

Sie stieg von ihrem Thron, nahm den König an der Hand und führte ihn und den Wesir zu einem reich gedeckten Tisch. Sie setzten sich, doch der Wesir blieb mißtrauisch. Der König aber war völlig bezaubert von ihrer Schönheit und Freundlichkeit.

»Eßt und trinkt«, sagte sie, »ich selbst nehme nichts zu mir, denn der Duft, der von den Speisen aufsteigt, ist mir Nahrung genug.«

Die beiden Männer aßen und tranken dunkelroten Wein aus silbernen Bechern, den die Dienerinnen reichten. Auch vor ihre Herrin stellten sie Wein, doch diese roch nur daran. Der starke Wein löste die Zunge des Königs, und so konnte er nicht länger an sich halten und sagte: »Edle Herrin, ich liebe dich, seit ich dich das erste Mal sah. Komm mit mir als meine Braut, und werde Königin von Tschina!«

»Du bist sehr kühn«, erwiderte die Schöne, »doch ich selbst wollte deine Gemahlin werden, obwohl du nur ein Sterblicher bist. Du sollst jedoch wissen, wer ich bin, damit du ermessen kannst, welches Glück dir zuteil wird, wenn ich dir folge: Weit entfernt im Meer liegt eine Insel mit Namen Schachristan. Dort herrscht König Menudschar, und ich bin Schachristani, seine einzige Tochter. Ich habe den Hof meines Vaters verlassen und habe überall nach dem Helden gesucht, dessen Tapferkeit ihn zu einem würdigen Gemahl für mich macht. Schon wollte ich aufgeben, da sah ich dich auf der Jagd, und du gefielst mir so gut, daß ich mich in eine Hirschkuh verwandelte, um dich zu dieser

Quelle zu locken. Meine Geister haben diesen Palast erbaut, während du schliefst.«

Während Schachristani noch sprach, betrat ein Mädchen mit Tränen in den Augen den Saal. Traurig berichtete sie, daß Schachristanis Vater, der König der Geister, gestorben war: »Sei tapfer, o Herrin, und folge mir in die Heimat. Das Volk erwartet dich, um der neuen Königin zu huldigen.«

Die Königstochter dankte ihr und wandte sich dann an den König: »Leb wohl, Ruswanschad«, sagte sie. »Ich muß dich nun verlassen. Wenn du mir jedoch treu bleibst und mich nicht vergißt, werden wir uns wiedersehen, und ich werde keinen anderen zum Gemahl nehmen als dich.«

Kaum hatte sie das letzte Wort gesprochen, erloschen alle Kerzen, und die Prinzessin, ihre Dienerinnen und der ganze Palast waren verschwunden. Dunkle Nacht umgab den König und seinen Wesir, und da sie die Hand nicht vor den Augen sehen konnten, warteten sie bis zum Morgen. Aber auch in der Morgendämmerung tauchte der Palast nicht wieder auf. Der König glaubte, geträumt zu haben, doch er konnte das schöne Mädchen nicht vergessen und dachte Tag und Nacht an sie. Sosehr ihn der Wesir auch beschwor, die Prinzessin sei eine böse Hexe, nichts half. Er liebte sie immer mehr, und da Monat um Monat verstrich, ohne daß er etwas von ihr hörte, wurde er sehr traurig. Stets kehrte er in den Wald zurück, wo er die Hirschkuh gefunden hatte, doch vergebens.

Eines Tages war der König verschwunden. Die Diener suchten überall nach ihm, und als er nicht zu finden war, begann sein Volk zu trauern. Allen voran grämte sich der treue Wesir, denn er war sich sicher, daß der König den bösen Zauberkünsten der Hexe erlegen war.

Ruswanschad jedoch lebte. Die Prinzessin hatte ihn zu der Insel Schachristan bringen lassen, da sie sah, wie treu und beständig seine Liebe war. Er war überglücklich, als er das schöne Mädchen wieder vor sich erblickte.

»Nun will ich mein Versprechen einlösen«, sagte Schachristani, »du sollst mein Gemahl werden. Doch zuvor mußt du mir versprechen, daß du immer zu deinem Wort stehen wirst, auch wenn es manchmal schwer sein wird, sonst sind wir beide verloren.«

Dem König schien es ein leichtes. »Sag nur, was ich tun soll«, rief er aus.

Schachristani sah ihn ernst an. »Für uns Geister gelten andere Gesetze als für euch Menschen, deshalb können wir nur zusammensein, wenn du mir blinden Gehorsam versprichst und alles gutheißen wirst, was ich tun werde, auch wenn es dir noch so seltsam erscheint«, sprach sie.

Der König gelobte feierlich, daß er immer allen Taten Schachristanis zustimmen werde. Darauf wurde das Hochzeitsfest bereitet, und Schachristani sprach zu ihren Untertanen: »Fürst Ruswanschad soll heute mein Gemahl werden. Dient ihm und gehorcht ihm als eurem Herrn, so wie ihr mir gehorcht.« Obwohl der König von Tschina nur ein Mensch war, stimmten alle Geister der Wahl ihrer Königin von ganzem Herzen zu, denn sie liebten sie sehr, und die Hochzeit wurde mit großem Jubel gefeiert. Ruswanschad war so glücklich, daß er sein Königreich ganz vergaß.

Nach einem Jahr gebar Schachristani einen wunderschönen Knaben. Ruswanschad war gerade auf der Jagd. Als er die freudige Nachricht hörte, eilte er heim und fand die Königin mit dem Kind in den Armen vor einem großen Feuer. Das Feuer verschwand mit dem Neugeborenen. Der König erschrak und konnte es nicht fassen, wie eine Mutter so grausam mit ihrem Kind umgehen konnte. Da er sich jedoch an sein Versprechen erinnerte, kam kein Wort des Vorwurfs über seine Lippen, so traurig er auch war.

Nach einem weiteren Jahr schenkte die Königin einem Mädchen das Leben. Ruswanschad war überglücklich. Immerzu sah er sein Kind an und küßte und herzte es voll Innigkeit. Nach einigen Tagen erschien eine große weiße Hündin in dem Palast. Schachristani rief: »Nimm das Mädchen mit dir!«, und die Hündin packte die Wiege mit dem Kind und verschwand. Voller Entsetzen verfolgte der König das

Geschehen – es fehlte nicht viel, und er hätte Schachristani mit Klagen und Vorwürfen überhäuft, da er nun auch noch dieses Kind verloren hatte. Er bot alle seine Kraft auf und schwieg, doch die Insel und seine Bewohner begannen ihm unheimlich zu werden, und die warnenden Worte seines Wesirs kamen ihm in den Sinn. Er beschloß, nach Tschina zurückzukehren, und bat Schachristani dafür um Erlaubnis.

»Kehre heim, so schnell du kannst«, erwiderte die Königin, »ich wollte dich selbst schon zurücksenden, denn die Mongolen wollen in dein Land einfallen. Wenn du dein Volk anführst, wird es noch viel mutiger kämpfen.« Sie ließ Ruswanschad von einem ihrer Diener zu seinem Palast bringen.

Der Wesir war vor Freude außer sich, als er seinen Herrn wiedersah. »O Herr, du warst so lange abwesend, daß dein Volk mir Unwürdigem die Herrschaft übertragen hat. Aber nun will ich dir wieder dienen wie zuvor!« sagte er.

Doch schon stand ein gewaltiges Mongolenheer an den Grenzen des Landes, und der König machte sich mit seinen Kriegern auf den Weg, sein Reich zu verteidigen. Der Wesir ließ zahlreiche Kamele mit Früchten, Süßigkeiten und Schläuchen voll Wein mitführen, damit das Heer sich stärken konnte. Plötzlich erschien Schachristani mit ihrem Gefolge. Sie zerstörten die Früchte und die Süßigkeiten und zerschnitten die Weinschläuche, bis nichts mehr übrig war.

»Geh zu deinem Herrn und berichte ihm, daß Schachristani die Vorräte vernichtet hat«, sagte sie zu dem Wesir, und der tat wie ihm geheißen.

Der König konnte nicht länger an sich halten. Außer sich vor Verzweiflung, schrie er seine Gemahlin an, als sie sein Zelt betrat: »Was hast du nur getan, du Unglückselige! Du hast meinen Sohn ins Feuer geworfen und meine Tochter einer Hündin zum Fraß vorgeworfen. Ich habe meinen Kummer bezwungen und mein Versprechen gehalten. Doch nun kann ich nicht länger schweigen, denn du zerstörst nicht nur mein Leben, sondern auch das meiner Männer.

Wie sollen wir den Kampf gewinnen, wenn du uns alle Nahrung nimmst? Mein Leben gilt mir nicht viel, das will ich gern opfern, doch die Mongolen werden mein Volk unterwerfen, und diese Schande kann ich nimmer dulden!«

Schachristani erbleichte. »O mein Gemahl«, sagte sie betrübt, »warum konntest du mir nicht vertrauen? Das Feuer, in das ich unseren Sohn warf, war einer meiner Diener, ein Salamander, der den Prinzen großzieht und ihn alles lehrt, was er wissen muß, und die Hündin ist eine Freundin, die unsere Tochter alle Künste lehrt, über die sie als Prinzessin von Schachristan verfügen muß.« Sie ließ die beiden Kinder bringen, und diese traten wohlbehalten vor ihren Vater, der sie beglückt umarmte.

»Deine Vorräte habe ich vernichtet«, fuhr Schachristani daraufhin fort, »weil der Wesir sich von dem Mongolenkönig hat bestechen lassen. Hunderttausend Golddinare hat er dafür bekommen, daß er den Wein und die Speisen vergiftet. Nur einen Schluck hättest du trinken müssen und wärst auf der Stelle tot gewesen. Lasse deinen Wesir nur von den Dingen kosten!«

Der König ließ den Wesir rufen und reichte ihm eine von den Früchten, die noch nicht zertreten waren. Dieser wich zurück und sagte erschrocken: »Ich bin gerade gar nicht hungrig, o Herr!«

»Iß oder ich lasse dir den Kopf abschlagen!« sagte der König zornig. Als der Wesir merkte, daß es keinen Ausweg gab, nahm er die Frucht und biß ein Stück davon ab. Im selben Augenblick fiel er um und war tot.

Beschämt dankte Ruswanschad seiner Gemahlin. »Doch wenn wir auch nicht am Gift sterben, dann wird uns der Hunger niederstrecken«, sagte er dann.

Schachristani jedoch beruhigte ihn. »Noch heute nacht sollst du deine Feinde angreifen. Du wirst siegen und kannst ihre Vorräte nehmen.«

Wie die Königin gesagt hatte, so geschah es. Ruswanschad siegte, und sie hatten mehr als genug zu essen und zu trinken.

»Lebe wohl«, sagte da Schachristani. »Da du dein Versprechen gebrochen hast, können wir nicht länger zusammenbleiben. Wir müssen uns nun für immer trennen.«

Der König erschrak bis in den tiefsten Herzensgrund. Er bat um Verzeihung und schwor, daß er in Zukunft immer blind vertrauen und gehorchen werde. Schachristani weinte bitterlich: »Nichts kann uns mehr helfen«, sagte sie, »nach den Gesetzen meines Volkes darf ich dir nicht vergeben, auch wenn ich es noch gern täte. Wir werden uns nie mehr wiedersehen!« Im selben Augenblick verschwand sie und die beiden Kinder mit ihr.

Ruswanschad verfiel in tiefe Trauer. Er bestellte einen Nachfolger als Wesir und ließ diesen regieren. »Ich will den Rest meines Lebens weinen und klagen, denn ich habe durch meine Schuld mein Weib und meine Kinder verloren!« sagte er.

Zehn Jahre vergingen, in denen der König sich von der Welt zurückgezogen hatte und sich ganz seinem Schmerz hingab. Schließlich wurde er sehr, sehr krank, und sein Ende nahte. Voll Sehnsucht dachte er an Schachristani, und seine Reue war nicht weniger heftig als zehn Jahre zuvor. Da erschien ihm die Königin und sprach: »Zehn Jahre hast du mir die Treue gehalten, kein anderes Weib genommen und auf dein Leben verzichtet, nun darf ich wieder zu dir zurückkehren. Von nun an werden wir zusammen mit unseren Kindern leben.«

Jetzt erschienen auch noch der Prinz und die Prinzessin, und der König war so beglückt, daß er schnell gesundete und noch viele Jahre zusammen mit Schachristani an seiner Seite lebte. Als sie beide gestorben waren, wurde der Prinz König von Tschina und die Prinzessin die Herrin der Insel Schachristan.

Aus: Elli Zenker-Starzacher: *Märchen aus Tausendundeiner Nacht*. Reutlingen o. J. Das Märchen ist gekürzt und umgeschrieben.

Von der Notwendigkeit unverbrüchlicher Treue und von Vertrauen jenseits aller Fragen erzählt dieses Märchen. Die Königin Schachristani scheint Leben zu zerstören. Sie nimmt dem König seine beiden Kinder auf grausame Weise, ohne Erklärung, und sie gibt ihm nicht die Möglichkeit, das alles zu verstehen. Doch dem Zeichen Skorpion geht es nicht so sehr um Einsicht oder Nachsicht, sondern um »Treue bis in den Tod«. Nur wer die Prüfung vollkommener Loyalität bestanden hat, kann genügen. Wenn auch das Leben außerhalb des Märchens ein wenig anders verläuft, enttäuschen sollte man einen Skorpion nicht. Er kennt nicht ein »bißchen Vertrauen« oder »ein wenig Konsequenz«. »Entweder ganz oder gar nicht« ist, was er von anderen fordert und was er auch selbst gibt.

Dieses Märchen schildert auch, daß Gesetze (Steinbock) und Moralvorstellungen (Skorpion) wichtige Bestandteile des Zusammenlebens sind, daß diese sich jedoch von Mensch zu Mensch und von Kultur zu Kultur unterscheiden können, so wie sie sich hier in der Menschen- und in der Geisterwelt unterscheiden. Manchmal geht es nicht anders: Wir müssen uns den Werten eines anderen unterwerfen, auch wenn wir sie nicht begreifen können.

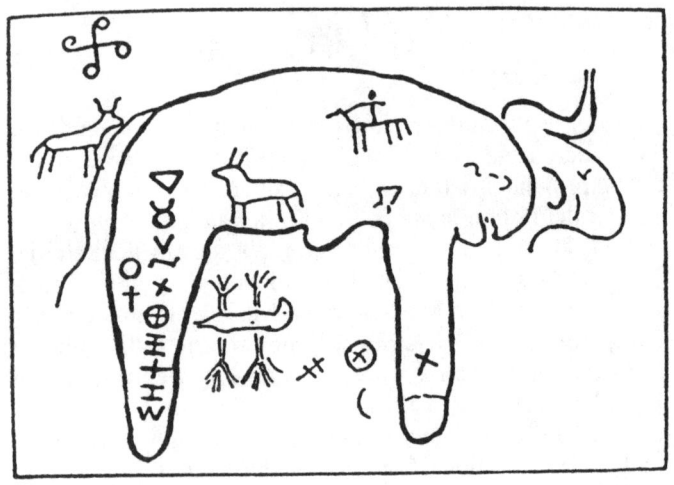

Die älteste bekannte Darstellung der Tierkreiszeichen
(ca. 10 000 v. Chr.).
Aus: L. Frobenius, H. Obermaier: Hadschra Maktouba (Kurt Wolf-
Verlag, München).

Anhang

Von wann bis wann ist man ein Skorpion?

Beginn des Skorpion-Zeichens

23.10.1920 um 18:13; 24.10.1921 um 00:02;
24.10.1922 um 05:53; 24.10.1923 um 11:51;
23.10.1924 um 17:44; 23.10.1925 um 23:31;
24.10.1926 um 05:18; 24.10.1927 um 11:07;
23.10.1928 um 16:55; 23.10.1929 um 22:42;
24.10.1930 um 04:26; 24.10.1931 um 10:16;
23.10.1932 um 16:04; 23.10.1933 um 21:48;
24.10.1934 um 03:36; 24.10.1935 um 09:29;
23.10.1936 um 15:18; 23.10.1937 um 21:07;
24.10.1938 um 02:54; 24.10.1939 um 08:46;
23.10.1940 um 14:39; 23.10.1941 um 20:27;
24.10.1942 um 02:15; 24.10.1943 um 08:08;
23.10.1944 um 13:56; 23.10.1945 um 19:44;
24.10.1946 um 01:35; 24.10.1947 um 07:26;
23.10.1948 um 13:18; 23.10.1949 um 19:03;
24.10.1950 um 00:45; 24.10.1951 um 06:36;
23.10.1952 um 12:22; 23.10.1953 um 18:06;
23.10.1954 um 23:57; 24.10.1955 um 05:43;
23.10.1956 um 11:35; 23.10.1957 um 17:24;
23.10.1958 um 23:12; 24.10.1959 um 05:11;
23.10.1960 um 11:02; 23.10.1961 um 16:48;
23.10.1962 um 22:40; 24.10.1963 um 04:29;
23.10.1964 um 10:21; 23.10.1965 um 16:10;
23.10.1966 um 21:51; 24.10.1967 um 03:44;
23.10.1968 um 09:30; 23.10.1969 um 15:11;
23.10.1970 um 21:04; 24.10.1971 um 02:53;
23.10.1972 um 08:42; 23.10.1973 um 14:30;
23.10.1974 um 20:11; 24.10.1975 um 02:06;
23.10.1976 um 07:58; 23.10.1977 um 13:41;

23.10.1978 um 19:37; 24.10.1979 um 01:28;
23.10.1980 um 07:18; 23.10.1981 um 13:13;
23.10.1982 um 18:58; 24.10.1983 um 00:55;
23.10.1984 um 06:46; 23.10.1985 um 12:22;
23.10.1986 um 18:15; 24.10.1987 um 00:01;
23.10.1988 um 05:44; 23.10.1989 um 11:35;
23.10.1990 um 17:14; 23.10.1991 um 23:05;
23.10.1992 um 04:57; 23.10.1993 um 10:37;
23.10.1994 um 16:36; 23.10.1995 um 22:32;
23.10.1996 um 04:19; 23.10.1997 um 10:15;
23.10.1998 um 15:59; 23.10.1999 um 21:53;
23.10.2000 um 03:48; 23.10.2001 um 09:26;
23.10.2002 um 15:18; 23.10.2003 um 21:09;
23.10.2004 um 02:49; 23.10.2005 um 08:43;
23.10.2006 um 14:27; 23.10.2007 um 20:16;
23.10.2008 um 02:09; 23.10.2009 um 07:44;
23.10.2010 um 13:35; 23.10.2011 um 19:31.
Alle Zeitangaben in mitteleuropäischer Zeit.

Ende des Skorpion-Zeichens

22.11.1920 um 15:15; 22.11.1921 um 21:04;
23.11.1922 um 02:55; 23.11.1923 um 08:54;
22.11.1924 um 14:46; 22.11.1925 um 20:36;
23.11.1926 um 02:28; 23.11.1927 um 08:14;
22.11.1928 um 14:00; 22.11.1929 um 19:48;
23.11.1930 um 01:35; 23.11.1931 um 07:25;
22.11.1932 um 13:10; 22.11.1933 um 18:54;
23.11.1934 um 00:44; 23.11.1935 um 06:35;
22.11.1936 um 12:25; 22.11.1937 um 18:17;
23.11.1938 um 00:06; 23.11.1939 um 05:59;
22.11.1940 um 11:49; 22.11.1941 um 17:38;
22.11.1942 um 23:31; 23.11.1943 um 05:22;
22.11.1944 um 11:08; 22.11.1945 um 16:55;
22.11.1946 um 22:46; 23.11.1947 um 04:38;
22.11.1948 um 10:29; 22.11.1949 um 16:16;
22.11.1950 um 22:03; 23.11.1951 um 03:51;

22.11.1952 um 09:36; 22.11.1953 um 15:22;
22.11.1954 um 21:14; 23.11.1955 um 03:01;
22.11.1956 um 08:50; 22.11.1957 um 14:39;
22.11.1958 um 20:29; 23.11.1959 um 02:27;
22.11.1960 um 08:19; 22.11.1961 um 14:08;
22.11.1962 um 20:02; 23.11.1963 um 01:50;
22.11.1964 um 07:39; 22.11.1965 um 13:29;
22.11.1966 um 19:14; 23.11.1967 um 01:05;
22.11.1968 um 06:49; 22.11.1969 um 12:31;
22.11.1970 um 18:25; 23.11.1971 um 00:14;
22.11.1972 um 06:03; 22.11.1973 um 11:54;
22.11.1974 um 17:39; 22.11.1975 um 23:31;
22.11.1976 um 05:22; 22.11.1977 um 11:07;
22.11.1978 um 17:05; 22.11.1979 um 22:54;
22.11.1980 um 04:42; 22.11.1981 um 10:36;
22.11.1982 um 16:24; 22.11.1983 um 22:19;
22.11.1984 um 04:11; 22.11.1985 um 09:51;
22.11.1986 um 15:45; 22.11.1987 um 21:30;
22.11.1988 um 03:12; 22.11.1989 um 09:05;
22.11.1990 um 14:47; 22.11.1991 um 20:36;
22.11.1992 um 02:26; 22.11.1993 um 08:07;
22.11.1994 um 14:06; 22.11.1995 um 20:02;
22.11.1996 um 01:50; 22.11.1997 um 07:48;
22.11.1998 um 13:35; 22.11.1999 um 19:25;
22.11.2000 um 01:20; 22.11.2001 um 07:01;
22.11.2002 um 12:54; 22.11.2003 um 18:44;
22.11.2004 um 00:22; 22.11.2005 um 06:15;
22.11.2006 um 12:02; 22.11.2007 um 17:50;
21.11.2008 um 23:45; 22.11.2009 um 05:23;
22.11.2010 um 11:15; 22.11.2011 um 17:08.
Alle Zeitangaben in mitteleuropäischer Zeit.

Lesebeispiel:

»23.10.1989 um 11:35«. Das heißt, am 23.10.
1989 trat die Sonne um 11:35 Uhr in das Tierkreiszeichen Skorpion. Wer nach 11:35 Uhr ge-

boren wurde, ist also bereits ein Skorpion, wer vor dieser Zeit zur Welt kam, noch eine Waage.

Die Bestimmung des Mondzeichens

Die einfache Anwendung der Mond-Tabelle

1. Suchen Sie zuerst die Spalte mit Ihrem *Geburtstag*.
2. Suchen Sie die Zeile, in der sich das *Geburtsjahr* befindet.
3. Lesen Sie das Mondzeichen ab.
4. Steht hinter der gesuchten Jahreszahl in Klammern eine Uhrzeit, kann sich der Mond statt im angegebenen Zeichen auch im vorhergehenden befinden. Also statt im Widder auch in den Fischen, statt im Stier auch im Widder und so weiter.
5. Lesen Sie die Texte zu beiden Mondzeichen, um herauszufinden, welches besser auf Sie zutrifft.

Genaue Bestimmung des Mondzeichens

1. Suchen Sie zuerst die Spalte, in der Ihr Geburtstag steht.
2. Wählen Sie die Zeile, in welcher der Jahrgang steht.
3. Ist Ihr Jahrgang nicht dabei, versuchen Sie Ihr Glück in der folgenden Spalte Ihres Geburtsdatums.
4. Da der Mond auch innerhalb eines Tages das Tierkreiszeichen wechseln kann, steht hinter manchen Jahreszahlen in Klammern eine Uhrzeit. Diese gibt in mitteleuropäischer Zeit an, um wieviel Uhr der Mond in

das am Ende der Zeile angegebene Zeichen wechselt. Wurden Sie vor der betreffenden Uhrzeit geboren, steht Ihr Mond nicht im aufgeführten Tierkreiszeichen, sondern in dem vorhergehenden. Wenn Sie die Symbole der Tierkreiszeichen nicht kennen, schauen Sie einfach auf Seite 15 nach.

5. Falls Sie an einem Tag geboren wurden, an dem der Mond das Tierkreiszeichen wechselt und Ihre Geburtszeit weniger als eine Stunde von der Uhrzeit des Zeichenwechsels abweicht, sollten Sie in der Tabelle »Sommerzeiten« nachschauen, ob an Ihrem Geburtstag Sommerzeit war. Bei »normaler« Sommerzeit müssen Sie eine Stunde von Ihrer Geburtszeit abziehen, um die MEZ (mitteleuropäische Zeit) zu erhalten. Bei doppelter Sommerzeit, die es nur 1945 gab, müssen zwei Stunden abgezogen werden, ebenso bei der Hochsommerzeit 1947.

6. Wenn Sie Ihre Geburtszeit nicht kennen, lesen Sie entweder unter beiden Mondzeichen nach und versuchen herauszufinden, welcher Text besser auf Sie zutrifft, oder Sie wenden sich schriftlich (mit frankiertem Rückumschlag) an das Standesamt Ihres Geburtsorts. Hier bekommen Sie in aller Regel umgehend Ihre genaue Geburtszeit mitgeteilt.

Falls Ihnen das alles zu kompliziert vorkommt: Es ist sehr viel leichter, als es im ersten Moment scheint. Zur Veranschaulichung ein paar praktische Beispiele.

Nehmen wir an, wir wollen wissen, welches Mondzeichen ein Mensch hat, der am 27.10.1969 geboren wurde.

Wir suchen die Spalte, in der 27.10. steht. Den Jahrgang 1969 finden wir in der nächsten Spalte. Am Ende der Zeile steht das Symbol für das Tierkreiszeichen Zwillinge. Die Uhrzeit (14:00 Uhr) bedeutet, daß um diese Zeit der Mond in das Tierkreiszeichen Krebs wechselte. Wer vor dieser Uhrzeit geboren wurde, hatte also noch einen Zwillingsmond.

Sommerzeiten

14.03.1921 23 h – 26.10.21 0 h MEZ franz. Zone
25.03.1922 23 h – 08.10.22 0 h MEZ franz. Zone
26.05.1923 23 h – 07.10.23 0 h MEZ franz. Zone
29.03.1924 23 h – 05.10.24 0 h MEZ franz. Zone
04.04.1925 23 h – 04.10.25 0 h MEZ franz. Zone
17.04.1926 23 h – 03.10.26 0 h MEZ franz. Zone
09.04.1927 23 h MEZ statt GMT franz. Zone
01.04.1940 2 h – 02.11.42 3 h MES*
01.01.1941 0 h – 02.11.42 3 h MES
01.01.1942 2 h – 02.11.42 3 h MES
29.03.1943 2 h – 04.10.43 3 h MES
03.04.1944 2 h – 02.10.44 3 h MES
02.04.1945 2 h – 16.09.45 2 h MES
(1945: doppelte Sommerzeit vom 24.05. bis 24.09., im sowjetisch besetzten Teil Deutschlands einschließlich West-Berlins bis 18.11. Sommerzeit)
14.04.1946 2 h – 07.10.46 3 h MES
06.04.1947 3 h – 11.05.47 3 h MES
11.05.1947 3 h – 29.06.47 3 h MES + 1
(1947: Vorstellung gegen MEZ: 2 Stunden [Hochsommerzeit])
29.06.1947 3 h – 05.10.47 3 h MES
18.04.1948 2 h – 03.10.48 3 h MES
10.04.1949 2 h – 02.10.49 3 h MES
06.04.1980 2 h – 28.09.80 3 h MES

29.03.1981 2 h – 27.09.81 3 h MES
28.03.1982 2 h – 26.09.82 3 h MES
27.03.1983 2 h – 25.09.83 3 h MES
25.03.1984 2 h – 30.09.84 3 h MES
31.03.1985 2 h – 29.09.85 3 h MES
30.03.1986 2 h – 28.09.86 3 h MES
29.03.1987 2 h – 27.09.87 3 h MES
27.03.1988 2 h – 25.09.88 3 h MES
26.03.1989 2 h – 24.09.89 3 h MES
25.03.1990 2 h – 30.09.90 3 h MES
31.03.1991 2 h – 29.09.91 3 h MES
29.03.1992 2 h – 27.09.92 3 h MES
28.03.1993 2 h – 26.09.93 3 h MES
27.03.1994 2 h – 25.09.94 3 h MES
26.03.1995 2 h – 24.09.95 3 h MES
31.03.1996 2 h – 27.10.96 3 h MES
30.03.1997 2 h – 26.10.97 3 h MES
29.03.1998 2 h – 25.10.98 3 h MES
28.03.1999 2 h – 31.10.99 3 h MES**
26.03.2000 2 h – 29.10.00 3 h MES**
25.03.2001 2 h – 28.10.01 3 h MES**

* 1940 bis 1942 durchgehend
** voraussichtlich (Stand 1998)

GMT = Greenwich mean time (Greenwich-Zeit)
MES = mitteleuropäische Sommerzeit
MEZ = mitteleuropäische Zeit

Geburtsdatum/Mondzeichen

23.10.

Jahr	Zeit	Mondzeichen
1920		♓
1924	(15:33)	♍
1925		♑
1928		♒
1929	(04:24)	♋
1932		♌
1933	(17:13)	♑
1936	(14:00)	♒
1937		♊
1940		♋
1941		♐
1944		♑
1945	(09:49)	♊
1948	(06:21)	♋
1949		♏
1952	(20:28)	♑
1953		♉
1954		♍
1956		♊
1957	(06:31)	♏
1958		♓
1960		♐
1961	(22:07)	♉
1962	(03:31)	♍
1904	(11:03)	♊
1965		♎
1966	(23:20)	♓
1968		♏
1969	(01:17)	♈
1970		♌
1972		♉
1973	(16:28)	♎
1974	(04:20)	♒
1976	(06:17)	♏
1977		♓
1978		♋
1980	(20:55)	♉
1981		♍
1982		♑
1984		♎
1985	(09:27)	♓
1986	(06:37)	♋
1988	(01:59)	♈
1989		♌
1990		♐
1991	(12:55)	♉
1992	(15:39)	♎
1993		♒
1994		♊
1995		♎
1996		♓
1997	(06:10)	♌
1998	(06:16)	♐
1999		♈
2000		♍
2001		♑
2002		♉
2003	(10:27)	♎
2004	(06:13)	♓
2005		♋
2006		♏
2007		♓
2008	(20:40)	♍
2009	(07:39)	♑
2010	(03:29)	♉

24.10.

Jahr	Zeit	Mondzeichen
1920		♓
1921	(05:08)	♌
1922		♐
1923	(18:48)	♉
1924		♍
1925	(18:12)	♒
1926		♊
1927		♎
1928	(09:50)	♓
1929		♊
1930	(06:23)	♐
1931		♈
1932		♌
1933		♑
1934	(23:58)	♊
1935	(17:31)	♎
1936		♒
1937	(06:47)	♋
1938		♏
1939		♓
1940	(05:51)	♌
1941	(20:40)	♑
1942	(04:52)	♉
1943		♍
1944	(21:19)	♒
1945		♊
1946	(22:41)	♏
1947	(18:45)	♓
1948		♋
1949	(01:08)	♐
1950		♈
1951		♌
1952		♑
1953	(16:04)	♊
1954	(01:12)	♎
1955	(00:33)	♒
1956	(10:23)	♋
1957		♏
1958	(20:10)	♈
1959	(20:03)	♌
1960	(23:28)	♑
1961		♉
1962		♍
1963		♑
1964		♊
1965	(13:31)	♏
1966		♓
1967		♋
1968	(01:32)	♐
1969		♈
1970	(19:57)	♍
1971	(17:05)	♑
1972	(15:02)	♊
1973		♎
1974		♒
1975		♊
1976		♏
1977	(08:34)	♈
1978	(01:04)	♌
1979		♐
1980		♉
1981		♍
1982	(22:36)	♒
1983	(10:10)	♊
1984	(11:08)	♏
1985		♓
1986		♋
1987		♏
1988		♈
1989	(03:15)	♍
1990	(03:03)	♑
1991		♉
1992		♎
1993	(22:17)	♓
1994	(23:15)	♋
1995	(05:07)	♏
1996	(05:50)	♈
1997		♌
1998		♐
1999	(20:25)	♉
2000	(20:30)	♎
2001	(02:26)	♒
2002	(01:17)	♊
2003		♎
2004		♓
2005	(22:48)	♌
2006	(19:53)	♐
2007	(02:24)	♈
2008		♍
2009		♑

25.10.

Jahr	Zeit	Mondzeichen
1920	(03:52)	♈
1921		♌
1922	(00:33)	♑
1923		♉
1924	(21:49)	♎
1925		♒
1926	(18:08)	♋
1927	(14:08)	♏
1928		♓
1929	(06:55)	♌
1930		♐
1931		♈
1932	(03:03)	♍
1933	(19:48)	♒
1934		♊
1935		♎
1936	(19:28)	♓
1937		♋
1938	(18:54)	♐
1939	(13:28)	♈
1940		♌
1941		♑
1942		♉
1943		♍
1944		♒
1945	(11:11)	♋
1946		♏
1947		♓
1948	(11:10)	♌
1949		♐
1950	(18:03)	♉
1951	(15:01)	♍
1952		♑
1953		♊
1954		♒
1955		♋
1956		♋
1957	(08:33)	♐
1958		♈
1959		♌
1960		♑
1961		♉
1962	(16:14)	♍
1963	(15:20)	♒
1964	(12:37)	♋
1965		♏
1966		♓
1967		♋
1968		♐
1969	(06:32)	♉
1970		♍
1971		♑
1972		♊
1973	(23:28)	♏
1974	(16:57)	♓
1975	(09:57)	♋
1976	(05:49)	♐
1977		♈
1978		♌
1979		♐
1980	(20:17)	♊
1981	(01:57)	♎
1982		♒
1983		♊
1984		♏
1985	(19:47)	♈
1986	(19:02)	♌
1987	(01:57)	♐
1988	(02:22)	♉

Geburtsdatum/ Mondzeichen		
1989		♍
1990		♑
1991	(16:09)	♊
1992	(17:04)	♏
1993		♓
1994		♋
1995		♏
1996		♈
1997	(17:59)	♍
1998	(18:05)	♑
1999		♉
2000		♎
2001		♒
2002		♊
2003	(11:08)	♏
2004	(11:24)	♈
2005		♌
2006		♐
2007		♈
2008		♍
2009	(20:08)	♒
2010	(12:47)	♊
26.10.		
1920		♈
1921	(07:40)	♍
1922		♑
1923		♉
1924		♎
1925	(21:14)	♓
1926		♌
1927		♏
1928	(14:04)	♈
1929		♌
1930	(13:27)	♑
1931	(10:12)	♉
1932		♍
1933		♒
1934		♊
1935		♎
1936		♓
1937	(09:42)	♌
1938		♐
1939		♈
1940	(10:10)	♍
1941		♑
1942	(14:18)	♊
1943	(09:38)	♎
1944		♒
1945		♋
1946		♏
1947		♓
1948		♌
1949	(03:10)	♑
1950		♉
1951		♍
1952	(00:28)	♒
1953	(19:24)	♋

Geburtsdatum/ Mondzeichen		
1954	(13:11)	♏
1955	(10:37)	♓
1956	(13:27)	♌
1957		♐
1958		♈
1959		♌
1960		♑
1961	(01:24)	♊
1962		♎
1963		♒
1964		♒
1965	(19:09)	♐
1966	(12:03)	♈
1967	(08:40)	♉
1968	(02:13)	♑
1969		♉
1970		♍
1971		♑
1972	(15:44)	♋
1973		♏
1974		♓
1975		♋
1976		♐
1977	(17:53)	♉
1978	(13:32)	♍
1979	(01:11)	♑
1980		♊
1981		♎
1982		♒
1983	(15:47)	♋
1984	(11:43)	♐
1985		♈
1986		♌
1987		♐
1988		♉
1989	(15:11)	♎
1990	(15:14)	♒
1991		♊
1992		♏
1993		♓
1994		♋
1995	(06:56)	♐
1996	(09:11)	♉
1997		♍
1998		♑
1999	(20:33)	♊
2000		♎
2001	(14:56)	♓
2002	(12:10)	♋
2003		♏
2004		♈
2005		♌
2006		♐
2007	(02:07)	♉
2008	(03:47)	♎
2009		♒
2010		♊

Geburtsdatum/ Mondzeichen		
27.10.		
1920	(08:33)	♉
1921		♍
1922	(08:00)	♒
1923	(07:29)	♊
1924		♎
1925		♓
1926		♋
1927		♏
1928		♈
1929	(10:08)	♍
1930		♑
1931		♉
1932	(06:15)	♎
1933		♒
1934	(08:46)	♋
1935	(05:15)	♏
1936	(21:10)	♈
1937		♌
1938		♐
1939		♈
1940		♍
1941	(00:02)	♒
1942		♊
1943		♎
1944	(00:53)	♓
1945	(15:55)	♌
1946	(10:03)	♐
1947	(04:31)	♈
1948	(13:53)	♍
1949		♑
1950		♉
1951	(23:25)	♎
1952		♒
1953		♋
1954		♏
1955		♓
1956		♌
1957	(13:41)	♐
1958	(09:07)	♉
1959	(04:48)	♍
1960	(01:57)	♒
1961		♊
1962		♎
1963	(22:36)	♓
1964	(15:14)	♌
1965		♐
1966		♈
1967		♌
1968		♐
1969	(14:00)	♊
1970	(08:37)	♎
1971	(01:11)	♐
1972		♋
1973		♏
1974		♓
1975	(16:20)	♌

Geburtsdatum/ Mondzeichen		
1976	(06:55)	♑
1977		♉
1978		♍
1979		♑
1980	(22:00)	♋
1981	(12:38)	♏
1982	(10:12)	♓
1983		♋
1984		♐
1985		♈
1986		♌
1987	(05:33)	♑
1988	(03:55)	♊
1989		♎
1990		♒
1991	(18:37)	♋
1992	(20:29)	♐
1993	(10:39)	♈
1994	(10:05)	♌
1995		♐
1996		♉
1997		♍
1998		♑
1999		♊
2000	(01:23)	♏
2001		♓
2002		♋
2003	(10:55)	♐
2004	(18:37)	♉
2005	(11:28)	♍
2006	(04:47)	♑
2007		♉
2008		♎
2009		♒
2010	(20:14)	♋
28.10.		
1920		♉
1921	(09:48)	♒
1922		♒
1923		♊
1924	(00:26)	♏
1925		♓
1926	(03:31)	♌
1927	(02:48)	♐
1928	(15:16)	♉
1929		♍
1930	(23:54)	♒
1931	(21:48)	♊
1932		♎
1933	(00:17)	♓
1934		♋
1935		♏
1936		♈
1937	(15:01)	♍
1938	(05:38)	♑
1939	(00:09)	♉
1940	(11:37)	♎

Geburtsdatum	Mondzeichen	Geburtsdatum	Mondzeichen	Geburtsdatum	Mondzeichen	Geburtsdatum	Mondzeichen
1941	♒	1998 (03:44)	♒	1963	♓	1928 (15:11)	♊
1942	♊	1999 (21:09)	♋	1964 (19:25)	♍	1929	♎
1943 (18:14)	♏	2000	♏	1965 (04:05)	♑	1930	♒
1944	♓	2001	♓	1966 (00:06)	♉	1931	♊
1945	♌	2002 (20:20)	♐	1967	♍	1932	♏
1946	♐	2003	♐	1968	♒	1933 (06:40)	♈
1947	♈	2004	♉	1969	♊	1934	♌
1948	♍	2005	♍	1970 (19:15)	♏	1935	♐
1949 (08:50)	♒	2006	♑	1971 (05:57)	♓	1936	♉
1950 (06:22)	♊	2007 (01:11)	♊	1972	♌	1937 (22:47)	♎
1951	♊	2008 (12:47)	♏	1973	♐	1938 (18:08)	♒
1952 (03:23)	♓	2009 (08:45)	♓	1974	♈	1939 (08:31)	♊
1953	♋	2010	♋	1975 (19:47)	♍	1940 (11:25)	♏
1954	♏	29.10.		1976 (11:05)	♒	1941	♓
1955 (16:46)	♈	1920 (10:59)	♊	1977 (05:08)	♊	1942	♋
1956 (16:09)	♍	1921	♎	1978	♎	1943	♏
1957	♑	1922 (19:07)	♓	1979	♒	1944	♈
1958	♉	1923 (19:39)	♋	1980	♋	1945 (00:12)	♍
1959	♍	1924	♏	1981	♏	1946	♑
1960	♒	1925 (00:24)	♈	1982 (18:25)	♈	1947	♉
1961 (08:03)	♋	1926	♌	1983	♌	1948	♎
1962 (04:48)	♏	1927	♐	1984	♑	1949 (18:21)	♓
1963	♓	1928	♉	1985	♉	1950 (19:03)	♋
1964	♌	1929 (14:39)	♎	1986	♍	1951 (04:09)	♏
1965	♐	1930	♒	1087 (08.27)	♒	1952 (05:34)	♈
1966	♈	1931	♊	1988 (08:28)	♋	1953	♌
1967 (14:19)	♍	1932 (06:30)	♏	1989 (03:56)	♏	1954	♐
1968 (04:43)	♒	1933	♓	1990 (00:22)	♓	1955 (19:30)	♉
1969	♊	1934 (20:42)	♌	1991 (21:20)	♌	1956 (19:10)	♎
1970	♎	1935 (15:17)	♐	1992	♐	1957	♒
1971	♒	1936 (20:34)	♉	1993 (23:20)	♉	1958	♊
1972 (19:14)	♌	1937	♑	1994 (17:21)	♍	1959	♎
1973 (08:57)	♐	1938	♑	1995	♑	1960	♓
1974 (04:13)	♈	1939	♉	1996	♊	1961 (18:30)	♌
1975	♌	1940	♉	1997	♎	1962 (16:19)	♐
1976	♑	1941 (06:51)	♓	1998	♒	1963 (01:40)	♈
1977	♉	1942 (02:00)	♋	1999	♋	1964	♍
1978 (23:51)	♎	1943	♏	2000 (08:40)	♐	1965	♑
1979 (06:17)	♒	1944 (01:54)	♈	2001 (03:15)	♈	1966	♉
1980	♋	1945	♌	2002	♌	1967 (16:31)	♎
1981	♏	1946 (22:59)	♑	2003 (11:37)	♑	1968 (09:54)	♓
1982	♓	1947 (11:16)	♉	2004	♉	1969 (00:13)	♋
1983 (19:50)	♌	1948 (15:16)	♎	2005 (23:15)	♎	1970	♏
1984 (15:05)	♑	1949	♒	2006 (11:17)	♒	1971	♓
1985 (07:59)	♉	1950	♊	2007	♊	1972	♌
1986 (05:20)	♍	1951	♎	2008	♏	1973 (20:57)	♑
1987	♑	1952	♓	2009	♓	1974 (13:00)	♉
1988	♊	1953 (02:55)	♌	2010	♋	1975	♍
1989	♎	1954 (01:59)	♐	30.10.		1976	♒
1990	♒	1955	♈	1920	♊	1977	♊
1991	♋	1956	♍	1921 (12:33)	♏	1978	♎
1992	♐	1957 (22:32)	♒	1922	♓	1979 (09:29)	♓
1993	♈	1958 (21:49)	♊	1923	♋	1980 (03:38)	♌
1994	♌	1959 (09:41)	♎	1924 (01:03)	♐	1981 (00:48)	♐
1995 (08:15)	♑	1960 (05:26)	♓	1925	♈	1982	♈
1996 (14:35)	♊	1961	♋	1926 (15:43)	♍	1983 (22:33)	♍
1997 (07:05)	♎	1962	♏	1927 (14:22)	♑	1984 (22:13)	♒

Geburtsdatum/		Mondzeichen	Geburtsdatum/		Mondzeichen	Geburtsdatum/		Mondzeichen	Geburtsdatum/		Mondzeichen
1985	(20:59)	♊	1950		♋	2007		♋	1972		♍
1986	(12:05)	♎	1951		♏	2008		♐	1973		♑
1987		♒	1952		♈	2009		♈	1974	(19:23)	♊
1988		♋	1953	(14:04)	♍	2010		♌	1975		♎
1989		♏	1954	(14:36)	♑	**01.11.**			1976		♓
1990		♓	1955		♉	1920		♋	1977		♋
1991		♌	1956		♎	1921	(17:08)	♐	1978		♏
1992	(03:18)	♉	1957		♒	1922	(08:04)	♐	1979	(11:09)	♈
1993		♉	1958		♊	1923	(06:00)	♌	1980	(13:18)	♍
1994		♍	1959	(11:14)	♏	1924	(01:39)	♑	1981	(13:46)	♑
1995	(10:23)	♒	1960	(10:11)	♈	1925		♉	1982		♉
1996	(22:56)	♋	1961		♌	1926		♍	1983		♍
1997	(19:15)	♏	1962		♐	1927	(23:26)	♒	1984		♒
1998	(09:58)	♓	1963		♈	1928	(15:40)	♒	1985		♊
1999	(23:47)	♌	1964		♍	1929		♏	1986	(15:19)	♏
2000		♐	1965	(15:49)	♒	1930		♓	1987		♓
2001		♈	1966	(10:28)	♊	1931		♋	1988		♌
2002		♌	1967		♎	1932		♐	1989		♐
2003		♑	1968		♓	1933	(14:53)	♉	1990		♈
2004	(04:11)	♊	1969		♋	1934	(09:36)	♍	1991	(00:47)	♍
2005		♎	1970		♏	1935		♑	1992	(13:43)	♒
2006		♒	1971	(07:26)	♈	1936		♊	1993	(11:13)	♊
2007	(01:49)	♒	1972	(01:59)	♍	1937		♎	1994		♎
2008	(23:41)	♐	1973		♑	1938		♒	1995	(14:17)	♓
2009	(18:56)	♈	1974		♉	1939	(14:41)	♋	1996		♋
2010	(01:38)	♌	1975	(20:55)	♉	1940	(11:21)	♐	1997		♏
31.10.			1976	(18:53)	♓	1941		♈	1998	(12:27)	♈
1920	(12:34)	♋	1977	(17:40)	♋	1942		♌	1999		♌
1921		♏	1978	(06:53)	♏	1943		♐	2000		♑
1922		♓	1979		♓	1944		♉	2001		♉
1923		♋	1980		♌	1945	(11:08)	♎	2002		♍
1924		♐	1981		♐	1946	(11:36)	♒	2003		♒
1925	(04:29)	♉	1982	(23:04)	♉	1947		♊	2004	(15:53)	♋
1926		♍	1983		♍	1948		♏	2005	(08:29)	♏
1927		♑	1984		♒	1949		♓	2006		♓
1928		♊	1985		♊	1950		♋	2007	(05:48)	♌
1929	(21:02)	♏	1986		♎	1951	(06:20)	♐	2008		♐
1930	(12:23)	♓	1987	(11:19)	♓	1952	(07:58)	♉	2009		♈
1931	(07:27)	♋	1988	(17:03)	♌	1953		♍	2010	(04:51)	♍
1932	(05:40)	♐	1989	(16:23)	♐	1954		♑	**02.11.**		
1933		♈	1990	(05:14)	♈	1955	(20:23)	♐	1920	(14:37)	♌
1934		♌	1991		♌	1956	(23:24)	♏	1921		♐
1935	(23:31)	♑	1992		♑	1957	(10:18)	♓	1922		♈
1936	(19:49)	♊	1993		♉	1958	(09:09)	♋	1923		♌
1937		♎	1994	(20:46)	♎	1959		♏	1924		♑
1938		♒	1995		♒	1960		♈	1925	(10:44)	♊
1939		♓	1996		♓	1961		♌	1926	(04:22)	♎
1940		♏	1997		♏	1962		♐	1927		♒
1941	(16:38)	♈	1998		♓	1963	(01:42)	♉	1928		♋
1942	(14:48)	♌	1999		♌	1964	(01:24)	♎	1929		♏
1943	(00:14)	♐	2000	(19:02)	♑	1965		♒	1930		♓
1944	(01:45)	♉	2001	(13:48)	♉	1966		♊	1931	(14:39)	♌
1945		♍	2002	(00:59)	♍	1967	(16:26)	♏	1932	(05:54)	♑
1946		♑	2003	(14:41)	♒	1968	(17:51)	♈	1933		♉
1947	(15:36)	♊	2004		♊	1969	(12:34)	♌	1934		♍
1948	(16:31)	♏	2005		♎	1970	(03:24)	♐	1935		♑
1949		♓	2006	(15:11)	♓	1971		♈	1936	(21:00)	♋

Geburtsdatum / Mondzeichen		Geburtsdatum / Mondzeichen		Geburtsdatum / Mondzeichen		Geburtsdatum / Mondzeichen	
1937 (08:48)	♏	1994 (21:19)	♏	1959	♐	1924	♒
1938 (06:09)	♓	1995	♓	1960	♉	1925 (20:06)	♋
1939	♋	1996 (10:16)	♌	1961	♍	1926 (15:37)	♏
1940	♐	1997 (05:27)	♐	1962	♑	1927 (04:56)	♓
1941	♈	1998	♓	1963 (00:48)	♒	1928	♌
1942	♌	1999 (05:07)	♍	1964 (09:25)	♏	1929	♐
1943 (04:36)	♑	2000	♑	1965 (04:23)	♓	1930	♈
1944 (02:28)	♊	2001 (22:13)	♊	1966	♋	1931 (19:08)	♍
1945	♎	2002 (02:28)	♎	1967 (15:51)	♐	1932 (09:06)	♒
1946	♒	2003 (20:52)	♓	1968	♈	1933 (01:02)	♊
1947 (18:32)	♋	2004	♋	1969	♌	1934	♎
1948 (19:10)	♐	2005	♏	1970 (09:32)	♑	1935	♒
1949 (06:34)	♈	2006 (16:46)	♈	1971	♉	1936	♋
1950 (06:38)	♌	2007	♉	1972	♎	1937 (20:46)	♐
1951	♉	2008 (12:13)	♑	1973	♒	1938 (15:35)	♈
1952	♉	2009 (01:44)	♉	1974	♊	1939	♌
1953	♍	2010	♍	1975	♏	1940	♉
1954	♑	**03.11.**		1976 (05:46)	♈	1941	♍
1955	♊	1920	♌	1977 (06:03)	♌	1942	♒
1956	♏	1921	♓	1978	♐	1943 (08:10)	♒
1957	♓	1922 (20:40)	♉	1979 (12:16)	♉	1944 (06:04)	♋
1958	♋	1923 (13:07)	♍	1980	♍	1945	♏
1959 (11:02)	♐	1924 (03:53)	♑	1981	♎	1946	♓
1960 (16:27)	♉	1925	♊	1982 (01:22)	♊	1947 (21.03)	♌
1961 (07:17)	♍	1926	♎	1983	♎	1948	♐
1962 (02:17)	♑	1927	♒	1984	♓	1949 (19:37)	♉
1963	♉	1928 (18:14)	♌	1985	♋	1950 (15:21)	♍
1964	♎	1929 (05:47)	♐	1986 (16:19)	♐	1951	♎
1965	♒	1930 (00:35)	♈	1987	♈	1952	♊
1966 (18:43)	♋	1931	♑	1988 (05:02)	♍	1953	♎
1967	♏	1932	♑	1989 (03:47)	♑	1954	♒
1968	♈	1933	♓	1990	♉	1955	♋
1969	♌	1934 (20:41)	♎	1991 (05:12)	♉	1956 (05:56)	♐
1970	♐	1935 (05:38)	♒	1992	♒	1957	♈
1971 (06:55)	♊	1936	♋	1993 (21:25)	♒	1958	♌
1972 (11:27)	♎	1937	♏	1994	♏	1959 (11:05)	♑
1973 (09:58)	♒	1938	♓	1995 (20:21)	♈	1960	♉
1974	♊	1939 (19:01)	♌	1996	♌	1961 (19:42)	♉
1975 (21:07)	♏	1940 (13:22)	♉	1997	♐	1962 (10:02)	♒
1976	♓	1941 (04:19)	♉	1998 (12:12)	♉	1963	♊
1977	♋	1942 (02:19)	♍	1999	♍	1964	♏
1978 (11:03)	♐	1943	♑	2000 (07:41)	♒	1965	♓
1979	♈	1944	♊	2001	♊	1966	♋
1980	♍	1945 (23:29)	♏	2002	♎	1967	♐
1981	♑	1946 (21:32)	♓	2003	♓	1968 (04:01)	♉
1982	♉	1947	♋	2004	♋	1969 (01:00)	♍
1983 (00:31)	♓	1948	♐	2005 (14:55)	♐	1970	♎
1984 (08:50)	♓	1949	♈	2006	♈	1971 (06:27)	♊
1985 (09:31)	♋	1950	♌	2007 (13:45)	♍	1972 (22:46)	♏
1986	♏	1951 (07:40)	♊	2008	♑	1973 (21:26)	♓
1987 (14:40)	♈	1952 (12:02)	♊	2009	♉	1974 (00:01)	♋
1988	♌	1953 (02:51)	♎	2010 (06:19)	♎	1975 (22:10)	♐
1989	♍	1954 (01:22)	♏	**04.11.**		1976	♈
1990 (06:32)	♉	1955 (21:11)	♋	1920 (18:03)	♍	1977	♌
1991	♍	1956	♏	1921 (00:38)	♑	1978 (13:40)	♑
1992	♒	1957 (23:00)	♈	1922	♉	1979	♉
1993	♊	1958 (18:03)	♌	1923	♍	1980 (01:31)	♎

Geburtsdatum/ Mondzeichen		Geburtsdatum/ Mondzeichen		Geburtsdatum/ Mondzeichen		Geburtsdatum/ Mondzeichen	
1981	(01:51) ♒	1946	♓	2003	(06:02) ♈	1968	(15:48) ♊
1982	♊	1947	♌	2004	♌	1969	(10:59) ♎
1983	(02:53) ♏	1948	(00:39) ♍	2005	(19:17) ♑	1970	♒
1984	(21:20) ♈	1949	♉	2006	♉	1971	(08:15) ♋
1985	(20:04) ♌	1950	♊	2007	♍	1972	♏
1986	♐	1951	(09:43) ♒	2008	(01:01) ♒	1973	♓
1987	(19:02) ♉	1952	(19:12) ♋	2009	♊	1974	(03:30) ♌
1988	♍	1953	(15:12) ♏	2010	(07:15) ♏	1975	♐
1989		1954	(08:34) ♓	**06.11.**		1976	♉
1990	(06:06) ♊	1955	(23:20) ♌	1920	(23:23) ♎	1977	♍
1991		1956	♐	1921	(11:17) ♒	1978	(16:04) ♒
1992	(02:13) ♓	1957	♈	1922	(07:33) ♊	1979	♊
1993	♋	1958	(23:45) ♍	1923	♎	1980	(14:19) ♏
1994	(20:46) ♐	1959	♑	1924	♓	1981	(10:52) ♓
1995	♈	1960	(00:44) ♊	1925	♈	1982	♋
1996	(22:57) ♍	1961	♎	1926	♏	1983	(07:09) ♐
1997	(13:31) ♑	1962	♒	1927	(06:53) ♈	1984	♈
1998	♉	1963	(01:08) ♓	1928	♍	1985	♌
1999	(12:57) ♎	1964	(19:43) ♐	1929	♑	1986	♐
2000	♒	1965	(15:21) ♈	1930	♉	1987	♉
2001	♊	1966	(00:36) ♌	1931	(21:03) ♌	1988	♒
2002	(02:10) ♏	1967	(16:44) ♑	1932	(16:06) ♓	1989	♒
2003	♓	1968	♉	1933	(13:05) ♍	1990	(06:07) ♏
2004	(04:32) ♌	1969	♍	1934	(04:32) ♏	1991	♏
2005	♐	1970	(14:11) ♒	1935	♓	1992	(14:19) ♈
2006	(17:05) ♉	1971	♊	1936	♌	1993	(05:06) ♌
2007	♍	1972	♏	1937	♐	1994	(21:02) ♑
2008	♑	1973	♓	1938	(21:41) ♉	1995	(04:35) ♉
2009	(05:53) ♊	1974	♋	1939	♍	1996	♍
2010	♎	1975	♐	1940	♒	1997	(19:33) ♒
05.11.		1976	(18:23) ♉	1941	♊	1998	♊
1920	♍	1977	(16:17) ♑	1942	♏	1999	(22:46) ♏
1921	♑	1978	♑	1943	(11:16) ♓	2000	♓
1922	♉	1979	(14:25) ♊	1944	(13:44) ♌	2001	♋
1923	(16:24) ♉	1980	♎	1945	(12:18) ♐	2002	(02:01) ♐
1924	(08:34) ♓	1981	♒	1946	(03:28) ♈	2003	♈
1925	♋	1982	(02:59) ♋	1947	(23:55) ♍	2004	(16:00) ♍
1926	♏	1983	♏	1948	♑	2005	♑
1927	♓	1984	♈	1949	♉	2006	(17:46) ♊
1928	(23:41) ♍	1985	♌	1950	(20:10) ♎	2007	(00:47) ♎
1929	(16:57) ♑	1986	(16:48) ♑	1951	♒	2008	♒
1930	(10:37) ♉	1987	♉	1952	♋	2009	(08:42) ♏
1931	♍	1988	(18:04) ♎	1953	♏	2010	♏
1932	♒	1989	(13:09) ♍	1954	♓	**07.11.**	
1933	♊	1990	♊	1955	♌	1920	♎
1934	♎	1991	(11:09) ♏	1956	(15:24) ♑	1921	♒
1935	(09:20) ♓	1992	♓	1957	(10:38) ♉	1922	♊
1936	(01:37) ♌	1993	♋	1958	♊	1923	(16:37) ♈
1937	♐	1994	♐	1959	(13:14) ♒	1924	(15:39) ♈
1938	♈	1995	♈	1960	♊	1925	(08:16) ♌
1939	(21:57) ♍	1996	♍	1961	♎	1926	(00:51) ♐
1940	(19:03) ♒	1997	♑	1962	(14:52) ♓	1927	♈
1941	(16:52) ♊	1998	(11:11) ♊	1963	♋	1928	♍
1942	(10:21) ♎	1999	♎	1964	♐	1929	♑
1943	♒	2000	(20:13) ♓	1965	♈	1930	(17:58) ♊
1944	♋	2001	(04:44) ♋	1966	♌	1931	♎
1945	♏	2002	♏	1967	♑	1932	♓

Geburtsdatum/ Mondzeichen		Geburtsdatum/ Mondzeichen		Geburtsdatum/ Mondzeichen		Geburtsdatum/ Mondzeichen	
1933	♋	1990	♋	1955 (03:36)	♍	1920 (06:49)	♏
1934	♏	1991 (19:21)	♐	1956	♑	1921	♓
1935 (10:54)	♈	1992	♈	1957 (20:09)	♊	1922	♋
1936 (10:00)	♍	1993	♌	1958 (02:16)	♎	1923 (15:37)	♐
1937 (09:50)	♑	1994	♑	1959 (18:35)	♓	1924	♈
1938	♉	1995	♉	1960	♈	1925 (21:07)	♍
1939	♍	1996 (10:29)	♎	1961	♏	1926 (08:11)	♑
1940	♒	1997	♒	1962 (16:45)	♈	1927	♉
1941	♊	1998 (11:39)	♊	1963	♑	1928	♎
1942 (14:27)	♏	1999	♏	1964 (08:06)	♑	1929	♒
1943	♓	2000	♓	1965	♉	1930 (23:05)	♋
1944	♌	2001 (09:34)	♌	1966	♍	1931	♏
1945	♐	2002	♐	1967	♒	1932 (02:24)	♈
1946	♈	2003 (17:29)	♉	1968	♊	1933 (01:58)	♌
1947	♍	2004	♍	1969 (17:18)	♏	1934	♐
1948 (09:41)	♒	2005 (22:31)	♒	1970	♓	1935 (11:29)	♉
1949 (07:55)	♊	2006	♊	1971 (13:56)	♌	1936 (21:15)	♎
1950	♎	2007	♎	1972	♐	1937 (22:19)	♒
1951 (13:23)	♓	2008 (11:43)	♓	1973	♈	1938 (01:03)	♊
1952	♋	2009	♋	1974 (06:18)	♍	1939	♎
1953	♏	2010 (09:27)	♐	1975	♑	1940	♓
1954 (11:43)	♈	**08.11.**		1976 (07:21)	♊	1941	♋
1955	♌	1920	♎	1977	♎	1942 (15:47)	♐
1956	♑	1921 (23:51)	♓	1978 (19:06)	♓	1943	♈
1957	♉	1922 (16:23)	♋	1979	♋	1944 (00:59)	♍
1958	♍	1923	♏	1980	♏	1945 (00:35)	♑
1959	♒	1924	♈	1981 (15:39)	♈	1946	♉
1960 (11:26)	♋	1925	♌	1982	♌	1947 (03:42)	♎
1961 (05:40)	♏	1926	♐	1983 (14:31)	♑	1948 (21:34)	♓
1962	♓	1927 (06:37)	♉	1984	♉	1949 (18:35)	♋
1963 (04:24)	♌	1928 (08:05)	♎	1985	♍	1950	♏
1964	♐	1929 (05:33)	♊	1986	♒	1951 (18:52)	♈
1965 (23:29)	♉	1930	♊	1987	♊	1952	♌
1966 (04:10)	♍	1931 (21:21)	♏	1988 (05:46)	♏	1953	♐
1967 (20:45)	♒	1932	♓	1989	♓	1954 (11:48)	♉
1968	♊	1933	♋	1990 (08:24)	♌	1955	♍
1969	♎	1934 (09:33)	♐	1991	♐	1956 (03:19)	♒
1970 (17:33)	♓	1935	♈	1992	♈	1957	♊
1971	♌	1936	♍	1993 (09:47)	♍	1958	♎
1972 (11:16)	♐	1937	♑	1994 (23:48)	♒	1959	♓
1973 (05:19)	♈	1938	♉	1995 (14:55)	♎	1960 (23:59)	♌
1974	♌	1939 (00:03)	♓	1996	♎	1961 (12:51)	♐
1975 (01:45)	♑	1940 (04:46)	♓	1997 (23:35)	♓	1962	♈
1976	♉	1941 (05:26)	♏	1998	♋	1963 (11:14)	♍
1977 (22:51)	♒	1942	♏	1999	♏	1964	♑
1978	♒	1943 (14:10)	♈	2000 (06:02)	♈	1965	♉
1979 (19:23)	♋	1944	♌	2001	♌	1966 (05:54)	♎
1980	♏	1945	♐	2002 (03:59)	♑	1967	♒
1981	♓	1946 (05:49)	♉	2003	♉	1968 (04:26)	♋
1982 (05:10)	♌	1947	♍	2004	♍	1969	♏
1983	♐	1948	♒	2005	♒	1970 (19:52)	♈
1984 (09:53)	♉	1949	♊	2006 (20:46)	♋	1971	♌
1985 (03:18)	♍	1950 (21:29)	♏	2007 (13:18)	♏	1972	♐
1986 (18:28)	♒	1951	♓	2008	♓	1973 (09:25)	♉
1987 (01:16)	♊	1952 (05:56)	♌	2009 (11:23)	♌	1974	♍
1988	♎	1953 (02:07)	♐	2010	♐	1975 (08:59)	♒
1989 (19:25)	♓	1954	♈	**09.11.**		1976	♊

Geburtsdatum	Mondzeichen		Geburtsdatum	Mondzeichen		Geburtsdatum	Mondzeichen		Geburtsdatum	Mondzeichen
1977	♎		1942	♐		1999	♐		1964	♒
1978	♓		1943 (17:32)	♉		2000 (12:12)	♉		1965	♊
1979	♋		1944	♍		2001	♍		1966 (06:53)	♏
1980 (02:26)	♐		1945	♑		2002 (09:27)	♒		1967	♓
1981	♈		1946 (06:07)	♈		2003 (06:14)	♊		1968 (16:45)	♌
1982 (08:40)	♍		1947	♎		2004	♎		1969	♐
1983	♑		1948	♓		2005 (01:22)	♓		1970 (21:50)	♉
1984 (21:10)	♊		1949	♋		2006	♋		1971	♍
1985 (06:52)	♎		1950 (20:51)	♐		2007	♏		1972	♑
1986 (22:30)	♓		1951	♈		2008	♈		1973 (10:59)	♊
1987 (10:10)	♈		1952 (18:47)	♍		2009 (14:30)	♍		1974	♎
1988	♏		1953 (11:18)	♑		2010	♑		1975 (19:42)	♓
1989 (22:08)	♈		1954	♉		**11.11.**			1976	♋
1990	♌		1955 (10:15)	♎		1920 (16:26)	♐		1977	♏
1991	♐		1956	♒		1921 (11:52)	♈		1978	♈
1992 (00:19)	♉		1957	♊		1922	♌		1979	♌
1993	♍		1958 (02:30)	♓		1923 (15:37)	♑		1980 (13:15)	♑
1994	♒		1959	♓		1924	♉		1981	♉
1995	♊		1960	♌		1925	♍		1982 (13:46)	♎
1996 (19:02)	♏		1961	♌		1926 (13:42)	♒		1983 (01:10)	♒
1997	♓		1962 (16:45)	♉		1927	♊		1984	♊
1998 (15:33)	♌		1963	♍		1928	♏		1985 (07:31)	♏
1999 (10:15)	♐		1964 (21:08)	♎		1929	♓		1986	♓
2000	♈		1965 (04:54)	♊		1930	♋		1987 (21:45)	♌
2001 (12:49)	♍		1966	♎		1931	♐		1988	♐
2002	♑		1967 (04:42)	♓		1932 (14:33)	♉		1989 (22:09)	♉
2003	♉		1968	♈		1933 (13:24)	♍		1990	♍
2004 (00:23)	♎		1969 (20:30)	♐		1934	♑		1991	♑
2005	♒		1970	♈		1935 (12:52)	♊		1992 (07:49)	♎
2006	♋		1971 (23:44)	♍		1936	♎		1993	♎
2007	♏		1972 (00:11)	♑		1937	♒		1994 (06:04)	♓
2008 (18:26)	♈		1973	♉		1938 (02:59)	♋		1995 (02:56)	♋
2009	♌		1974 (08:58)	♎		1939	♏		1996	♏
2010 (14:36)	♑		1975	♒		1940	♈		1997 (01:44)	♈
10.11.			1976 (19:28)	♐		1941	♌		1998 (23:37)	♍
1920	♏		1977 (01:42)	♏		1942 (16:18)	♐		1999 (23:00)	♑
1921	♓		1978 (23:11)	♈		1943	♉		2000	♉
1922 (23:06)	♌		1979 (04:14)	♌		1944 (13:45)	♎		2001 (14:53)	♎
1923	♐		1980	♐		1945 (10:59)	♒		2002	♒
1924 (00:44)	♉		1981 (16:44)	♉		1946	♊		2003	♊
1925	♍		1982	♍		1947 (09:02)	♍		2004 (05:05)	♏
1926	♑		1983	♑		1948	♓		2005	♓
1927 (06:03)	♊		1984	♊		1949	♋		2006 (03:34)	♌
1928 (18:53)	♏		1985	♎		1950	♐		2007 (01:59)	♐
1929 (17:30)	♓		1986	♓		1951	♈		2008 (21:05)	♉
1930	♋		1987	♋		1952	♍		2009	♍
1931 (21:39)	♈		1988 (15:06)	♈		1953	♑		2010 (23:32)	♒
1932	♈		1989	♈		1954 (10:50)	♊		**12.11.**	
1933	♌		1990 (13:48)	♍		1955	♎		1920	♐
1934 (12:57)	♑		1991 (06:16)	♑		1956 (15:51)	♓		1921	♈
1935	♉		1992	♉		1957 (03:24)	♋		1922	♌
1936	♎		1993 (11:42)	♎		1958	♏		1923	♑
1937	♒		1994	♒		1959 (03:10)	♈		1924 (11:34)	♊
1938	♊		1995	♊		1960	♌		1925 (07:52)	♎
1939 (02:14)	♏		1996	♏		1961 (17:59)	♑		1926	♒
1940 (17:13)	♈		1997	♓		1962	♉		1927 (07:15)	♋
1941 (16:49)	♌		1998	♌		1963 (21:07)	♎		1928	♏

Geburtsdatum/Mondzeichen			Geburtsdatum/Mondzeichen			Geburtsdatum/Mondzeichen			Geburtsdatum/Mondzeichen		
1929		♓	1986	(05:14)	♈	1951		♉	2008	(21:11)	♊
1930	(02:45)	♐	1987		♉	1952	(06:57)	♎	2009		♎
1931	(23:52)	♑	1988	(22:12)	♑	1953		♒	2010		♒
1932		♉	1989		♉	1954	(10:59)	♋	**14.11.**		
1933		♍	1990	(22:08)	♒	1955		♏	1920	(04:03)	♑
1934	(15:52)	♒	1991	(19:06)	♒	1956		♓	1921		♉
1935		♊	1992		♊	1957	(08:36)	♌	1922		♍
1936	(09:52)	♏	1993	(12:00)	♏	1958		♐	1923		♎
1937	(08:07)	♓	1994		♓	1959	(14:04)	♉	1924	(23:57)	♋
1938		♋	1995		♋	1960		♍	1925	(15:05)	♏
1939	(05:41)	♈	1996	(00:27)	♐	1961	(21:59)	♎	1926		♓
1940		♈	1997		♈	1962		♊	1927	(11:48)	♌
1941		♌	1998		♍	1963		♎	1928		♐
1942		♊	1999		♑	1964	(08:28)	♓	1929		♈
1943	(22:31)	♊	2000	(15:27)	♊	1965		♋	1930	(05:42)	♍
1944		♎	2001		♎	1966	(08:36)	♐	1931		♑
1945		♒	2002	(18:42)	♓	1967		♈	1932	(03:13)	♊
1946	(06:15)	♋	2003	(19:10)	♋	1968		♌	1933		♎
1947		♏	2004		♏	1969		♑	1934	(18:56)	♓
1948	(10:12)	♈	2005	(04:22)	♈	1970		♉	1935		♒
1949	(03:00)	♌	2006		♌	1971	(12:05)	♎	1936	(22:33)	♐
1950	(20:25)	♑	2007		♐	1972		♒	1937	(14:00)	♈
1951	(02:07)	♉	2008		♉	1973	(11:46)	♏	1938		♌
1952		♍	2009	(18:22)	♎	1974		♏	1939	(11:42)	♑
1953	(18:31)	♒	2010		♒	1975		♓	1940		♉
1954		♊	**13.11.**			1976	(05:36)	♐	1941		♍
1955	(19:12)	♏	1920		♐	1977		♐	1942		♒
1956		♓	1921	(21:19)	♉	1978	(04:35)	♉	1943		♊
1957		♋	1922	(03:36)	♍	1979		♍	1944	(01:48)	♎
1958	(02:03)	♐	1923	(18:39)	♒	1980	(22:10)	♒	1945		♓
1959		♈	1924		♊	1981		♊	1946	(07:53)	♌
1960	(12:24)	♍	1925		♎	1982	(20:42)	♏	1947		♐
1961		♑	1926	(17:22)	♓	1983	(13:41)	♓	1948	(21:24)	♉
1962	(16:43)	♊	1927		♋	1984		♋	1949	(08:42)	♍
1963		♎	1928	(07:20)	♐	1985	(06:52)	♐	1950	(22:14)	♒
1964		♒	1929	(02:43)	♈	1986		♈	1951	(11:15)	♊
1965	(08:29)	♋	1930		♌	1987		♌	1952		♎
1966		♏	1931		♑	1988		♑	1953	(23:17)	♓
1967	(15:58)	♈	1932		♉	1989	(21:19)	♊	1954		♋
1968		♌	1933	(21:13)	♎	1990		♎	1955		♏
1969	(22:08)	♑	1934		♒	1991		♏	1956	(02:36)	♌
1970		♉	1935	(16:56)	♋	1992	(13:19)	♋	1957		♌
1971		♍	1936		♏	1993		♏	1958	(02:54)	♑
1972	(12:02)	♒	1937		♓	1994	(15:44)	♈	1959		♉
1973		♊	1938	(04:50)	♌	1995	(15:37)	♌	1960	(22:07)	♎
1974	(12:23)	♏	1939		♐	1996		♐	1961		♒
1975		♓	1940	(06:13)	♉	1997	(02:45)	♉	1962	(18:49)	♋
1976		♋	1941	(01:29)	♍	1998		♍	1963	(08:57)	♏
1977	(02:03)	♐	1942	(17:48)	♒	1999		♑	1964		♓
1978		♈	1943		♊	2000		♊	1965	(11:13)	♌
1979	(16:20)	♍	1944		♎	2001	(16:44)	♏	1966		♐
1980		♑	1945	(18:05)	♓	2002		♓	1967		♈
1981	(15:59)	♊	1946		♒	2003		♋	1968	(02:55)	♍
1982		♎	1947	(16:33)	♐	2004	(06:56)	♐	1969	(23:53)	♒
1983		♒	1948		♈	2005		♈	1970	(00:48)	♊
1984	(06:31)	♋	1949		♌	2006	(14:18)	♍	1971		♎
1985		♏	1950		♑	2007	(14:00)	♑	1972	(20:56)	♓

Geburtsdatum/ Mondzeichen		Geburtsdatum/ Mondzeichen		Geburtsdatum/ Mondzeichen		Geburtsdatum/ Mondzeichen	
1973	♋	1938 (07:38)	♍	1995	♌	1960	♎
1974 (17:39)	♐	1939	♍	1996	♑	1961 (01:18)	♓
1975 (08:17)	♈	1940 (18:00)	♊	1997 (04:05)	♊	1962	♋
1976	♌	1941 (06:22)	♎	1998	♎	1963 (21:40)	♐
1977 (01:50)	♑	1942 (21:28)	♓	1999	♒	1964	♈
1978	♉	1943 (06:22)	♎	2000	♋	1965 (13:55)	♍
1979	♍	1944	♏	2001 (19:51)	♐	1966	♑
1980	♒	1945 (21:24)	♈	2002 (06:38)	♈	1967	♉
1981 (15:36)	♏	1946	♐	2003 (06:48)	♌	1968 (09:26)	♎
1982	♏	1947	♐	2004 (07:33)	♑	1969	♒
1983	♓	1948	♉	2005	♉	1970 (06:23)	♋
1984 (13:34)	♌	1949	♍	2006	♍	1971 (00:49)	♏
1985	♐	1950	♒	2007	♑	1972	♓
1986 (14:24)	♉	1951	♊	2008 (20:52)	♐	1973	♌
1987 (10:29)	♍	1952 (16:18)	♏	2009	♏	1974	♐
1988	♑	1953	♓	2010	♓	1975 (20:38)	♉
1989	♊	1954 (14:03)	♐	**16.11.**		1976	♍
1990	♎	1955 (06:17)	♐	1920 (16:44)	♒	1977 (03:00)	♒
1991	♒	1956	♈	1921 (03:41)	♊	1978	♊
1992	♐	1957 (12:07)	♈	1922	♋	1979	♊
1993 (12:20)	♐	1958	♑	1923 (01:46)	♓	1980 (04:21)	♓
1994	♈	1959	♉	1924	♋	1981 (17:32)	♌
1995	♌	1960	♎	1925 (19:13)	♐	1982 (05:52)	♐
1996 (03:44)	♑	1961	♒	1926	♈	1983 (01:36)	♈
1997	♉	1962	♋	1927 (20:14)	♍	1984 (18:08)	♍
1998 (10:58)	♎	1963	♌	1928	♑	1985	♉
1999 (11:46)	♒	1964 (16:10)	♈	1929	♉	1986	♉
2000 (17:21)	♋	1965	♌	1930 (08:27)	♎	1987 (21:48)	♎
2001	♏	1966 (12:37)	♑	1931	♒	1988	♒
2002	♓	1967 (04:52)	♉	1932 (15:32)	♋	1989	♋
2003	♋	1968	♍	1933 (00:52)	♏	1990	♏
2004	♐	1969	♒	1934 (22:26)	♈	1991	♓
2005 (08:02)	♉	1970	♊	1935 (00:51)	♐	1992	♌
2006	♍	1971	♎	1936	♐	1993 (14:34)	♑
2007	♑	1972	♐	1937 (16:12)	♓	1994 (03:44)	♉
2008	♊	1973 (13:20)	♌	1938	♍	1995 (03:02)	♍
2009 (23:24)	♏	1974	♐	1939 (21:00)	♒	1996 (06:14)	♒
2010 (11:24)	♓	1975	♈	1940	♊	1997	♊
15.11.		1976 (12:46)	♍	1941	♎	1998 (23:41)	♏
1920	♑	1977	♑	1942	♓	1999 (22:21)	♓
1921	♉	1978 (11:45)	♎	1943	♌	2000 (19:19)	♐
1922 (06:01)	♒	1979 (05:16)	♎	1944 (12:02)	♐	2001	♐
1923	♒	1980	♒	1945	♈	2002	♈
1924	♋	1981	♋	1946 (12:05)	♍	2003	♌
1925	♏	1982	♏	1947 (02:37)	♑	2004	♑
1926 (19:28)	♈	1983	♓	1948	♉	2005 (13:10)	♊
1927	♌	1984	♌	1949 (11:36)	♍	2006 (03:14)	♎
1928 (20:25)	♑	1985 (06:53)	♑	1950	♒	2007 (00:30)	♒
1929 (08:19)	♉	1986	♉	1951 (22:27)	♋	2008	♋
1930	♍	1987	♍	1952	♏	2009	♏
1931 (05:40)	♒	1988 (03:36)	♒	1953	♓	2010 (23:58)	♈
1932	♊	1989 (21:51)	♋	1954	♌	**17.11.**	
1933	♎	1990 (08:39)	♏	1955	♍	1920	♒
1934	♓	1991 (07:33)	♓	1956 (10:12)	♉	1921	♊
1935	♋	1992 (17:23)	♌	1957	♍	1922 (06:59)	♏
1936	♐	1993	♐	1958 (06:53)	♒	1923	♓
1937	♈	1994	♈	1959 (02:16)	♊	1924 (12:51)	♌

Geburtsdatum/ Mondzeichen	*Geburtsdatum/ Mondzeichen*	*Geburtsdatum/ Mondzeichen*	*Geburtsdatum/ Mondzeichen*
1925 ♐	1982 ♐	1947 (14:45) ♒	2004 ♒
1926 (20:54) ♉	1983 ♈	1948 ♊	2005 (20:42) ♋
1927 ♍	1984 ♍	1949 (12:18) ♏	2006 (15:46) ♏
1928 ♑	1985 (09:25) ♒	1950 ♓	2007 (08:14) ♓
1929 (10:53) ♊	1986 (01:26) ♊	1951 ♋	2008 ♌
1930 ♎	1987 ♎	1952 ♐	2009 ♐
1931 (15:32) ♓	1988 (07:34) ♓	1953 ♈	2010 ♈
1932 ♈	1989 ♋	1954 ♍	**19.11.**
1933 ♏	1990 (20:39) ♐	1955 ♑	1920 (04:39) ♓
1934 ♈	1991 (17:08) ♈	1956 (14:45) ♊	1921 ♋
1935 ♌	1992 (20:28) ♍	1957 ♎	1922 (07:52) ♐
1936 (10:20) ♑	1993 ♑	1958 (14:56) ♓	1923 ♈
1937 ♉	1994 ♉	1959 (14:56) ♋	1924 ♌
1938 (12:03) ♎	1995 ♍	1960 ♏	1925 ♑
1939 ♒	1996 ♒	1961 (04:10) ♈	1926 (23:10) ♊
1940 ♊	1997 (07:32) ♋	1962 ♌	1927 (07:41) ♎
1941 (07:40) ♏	1998 ♏	1963 ♐	1928 ♒
1942 ♓	1999 ♓	1964 ♉	1929 (11:53) ♋
1943 (17:27) ♌	2000 ♌	1965 (17:10) ♎	1930 ♏
1944 ♐	2001 ♐	1966 ♒	1931 ♓
1945 (21:48) ♉	2002 (19:23) ♉	1967 ♊	1932 (02:35) ♌
1946 ♍	2003 (15:36) ♍	1968 (12:06) ♏	1933 ♐
1947 ♑	2004 (08:39) ♒	1969 ♓	1934 (02:46) ♉
1948 (06:02) ♊	2005 ♊	1970 (15:36) ♌	1935 ♍
1949 ♎	2006 ♎	1971 (12:30) ♐	1936 (20:11) ♒
1950 (03:38) ♓	2007 ♒	1972 ♈	1937 ♊
1951 ♋	2008 (22:07) ♌	1973 ♍	1938 (18:26) ♏
1952 (22:33) ♐	2009 (06:22) ♐	1974 ♑	1939 (09:00) ♓
1953 (01:35) ♈	2010 ♈	1975 ♉	1940 ♉
1954 (20:52) ♍	**18.11.**	1976 ♎	1941 (06:53) ♐
1955 (18:59) ♑	1920 ♒	1977 (06:58) ♓	1942 ♈
1956 ♉	1921 (07:41) ♋	1978 ♋	1943 ♌
1957 (14:25) ♎	1922 ♏	1979 ♏	1944 ♑
1958 ♒	1923 (12:25) ♈	1980 (07:22) ♈	1945 (21:02) ♊
1959 ♊	1924 ♌	1981 (22:53) ♍	1946 ♎
1960 (03:53) ♏	1925 (21:38) ♑	1982 (17:21) ♑	1947 ♒
1961 ♓	1926 ♉	1983 (11:06) ♉	1948 (12:11) ♋
1962 (00:40) ♌	1927 ♍	1984 (20:29) ♍	1949 ♏
1963 ♐	1928 (08:40) ♒	1985 ♒	1950 (12:39) ♈
1964 (19:57) ♉	1929 ♊	1986 ♊	1951 (11:12) ♌
1965 ♑	1930 (11:36) ♏	1987 ♎	1952 ♐
1966 (20:03) ♒	1931 ♓	1988 ♓	1953 (02:15) ♉
1967 (17:40) ♊	1932 ♋	1989 (01:46) ♌	1954 ♍
1968 ♎	1933 (01:34) ♐	1990 ♐	1955 ♑
1969 (02:52) ♓	1934 ♈	1991 ♈	1956 ♊
1970 ♋	1935 (12:10) ♍	1992 ♍	1957 (16:17) ♏
1971 ♌	1936 ♑	1993 (20:08) ♒	1958 ♓
1972 (01:44) ♈	1937 (16:10) ♊	1994 (16:41) ♊	1959 ♋
1973 (16:41) ♍	1938 ♎	1995 (11:18) ♎	1960 (06:17) ♐
1974 (01:42) ♑	1939 ♒	1996 (09:00) ♓	1961 ♈
1975 ♉	1940 (03:52) ♋	1997 ♋	1962 (10:33) ♍
1976 (16:34) ♎	1941 ♏	1998 ♏	1963 (10:23) ♑
1977 ♒	1942 (03:30) ♈	1999 ♈	1964 (20:58) ♎
1978 (21:16) ♋	1943 ♌	2000 (22:15) ♍	1965 ♎
1979 (16:29) ♏	1944 (20:20) ♑	2001 (01:40) ♑	1966 ♒
1980 ♓	1945 ♉	2002 ♉	1967 ♊
1981 ♌	1946 (19:12) ♎	2003 ♍	1968 ♏

Geburtsdatum / Mondzeichen	Geburtsdatum / Mondzeichen	Geburtsdatum / Mondzeichen	Geburtsdatum / Mondzeichen
1969 (07:32) ♈	1934 ♉	1991 ♉	1956 ♋
1970 ♌	1935 ♍	1992 ♎	1957 (18:51) ♐
1971 ♐	1936 ♒	1993 ♒	1958 (02:28) ♈
1972 (02:53) ♉	1937 (15:47) ♋	1994 ♊	1959 (03:04) ♌
1973 (22:15) ♎	1938 ♏	1995 (15:40) ♏	1960 (07:02) ♑
1974 (12:39) ♒	1939 ♒	1996 (12:34) ♈	1961 ♉
1975 (07:14) ♊	1940 (11:38) ♌	1997 ♌	1962 (22:58) ♎
1976 (17:31) ♏	1941 ♐	1998 ♐	1963 (21:51) ♒
1977 ♓	1942 (11:38) ♉	1999 ♈	1964 (21:04) ♋
1978 ♋	1943 (06:21) ♍	2000 ♍	1965 ♏
1979 ♏	1944 ♑	2001 (10:55) ♒	1966 ♓
1980 ♈	1945 ♊	2002 (07:25) ♊	1967 ♋
1981 ♍	1946 ♎	2003 ♎	1968 ♐
1982 ♑	1947 ♒	2004 ♓	1969 (13:52) ♉
1983 ♒	1948 ♋	2005 ♋	1970 (03:50) ♍
1984 ♎	1949 (12:15) ♐	2006 ♏	1971 ♑
1985 (15:42) ♓	1950 ♈	2007 (12:24) ♈	1972 (02:05) ♊
1986 (13:46) ♋	1951 ♌	2008 (02:12) ♍	1973 ♎
1987 (05:47) ♏	1952 (02:40) ♑	2009 ♑	1974 ♒
1988 (10:12) ♈	1953 ♉	2010 ♉	1975 (15:36) ♋
1989 ♌	1954 (07:02) ♎	**21.11.**	1976 (17:03) ♐
1990 ♐	1955 (07:58) ♒	1920 (13:45) ♈	1977 ♈
1991 (22:49) ♉	1956 (17:17) ♋	1921 ♌	1978 ♌
1992 (23:03) ♎	1957 ♏	1922 (10:31) ♑	1979 ♐
1993 ♒	1958 ♓	1923 (00:53) ♉	1980 ♉
1994 ♊	1959 ♋	1924 ♍	1981 (07:33) ♉
1995 ♎	1960 ♐	1925 ♒	1982 (06:20) ♒
1996 ♓	1961 (07:03) ♉	1926 ♊	1983 ♊
1997 (14:38) ♌	1962 ♍	1927 (20:26) ♏	1984 ♏
1998 (12:13) ♐	1963 ♑	1928 ♓	1985 ♓
1999 (04:57) ♈	1964 ♊	1929 (12:58) ♌	1986 ♋
2000 ♍	1965 (21:37) ♏	1930 ♐	1987 (10:16) ♐
2001 ♑	1966 (06:53) ♓	1931 ♈	1988 (12:02) ♉
2002 ♉	1967 (05:13) ♋	1932 (11:08) ♍	1989 ♍
2003 (20:42) ♎	1968 (12:04) ♐	1933 ♑	1990 ♑
2004 (11:38) ♓	1969 ♈	1934 (08:47) ♊	1991 ♉
2005 ♋	1970 ♌	1935 (00:52) ♎	1992 ♎
2006 ♏	1971 (22:36) ♑	1936 ♒	1993 (05:27) ♓
2007 ♓	1972 ♉	1937 ♋	1994 (05:21) ♋
2008 ♌	1973 ♎	1938 ♏	1995 ♏
2009 (16:00) ♑	1974 ♒	1939 (21:36) ♈	1996 ♈
2010 (11:04) ♉	1975 ♊	1940 ♌	1997 ♌
20.11.	1976 ♏	1941 (06:11) ♑	1998 (23:45) ♑
1920 ♓	1977 (14:13) ♈	1942 ♉	1999 (07:26) ♉
1921 (10:32) ♌	1978 (09:09) ♌	1943 ♍	2000 (02:35) ♎
1922 ♐	1979 (00:56) ♐	1944 (02:47) ♒	2001 ♒
1923 ♈	1980 (07:51) ♉	1945 (21:13) ♋	2002 ♊
1924 (00:11) ♍	1981 ♍	1946 (04:58) ♏	2003 (22:24) ♏
1925 (23:48) ♒	1982 ♑	1947 (03:16) ♓	2004 (17:11) ♈
1926 ♊	1983 (17:45) ♎	1948 (16:32) ♌	2005 (07:10) ♌
1927 ♎	1984 (21:31) ♏	1949 ♐	2006 (02:15) ♐
1928 (18:19) ♓	1985 ♓	1950 ♈	2007 ♈
1929 ♋	1986 ♋	1951 (23:35) ♍	2008 ♍
1930 (16:00) ♐	1987 ♏	1952 ♑	2009 ♑
1931 (04:08) ♈	1988 ♈	1953 (02:54) ♊	2010 (19:46) ♊
1932 ♌	1989 (09:54) ♍	1954 ♎	**22.11.**
1933 (01:24) ♑	1990 (09:32) ♑	1955 ♒	1920 ♈

Geburtsdatum/ Mondzeichen			Geburtsdatum/ Mondzeichen			Geburtsdatum/ Mondzeichen			Geburtsdatum/ Mondzeichen		
1921	(13:17)	♍	1948		♌	1975		♋	2002	(17:48)	♋
1922		♑	1949	(13:19)	♑	1976		♐	2003		♏
1923		♉	1950	(00:08)	♉	1977		♈	2004		♈
1924	(07:51)	♎	1951		♍	1978	(21:57)	♍	2005		♌
1925		♒	1952	(05:52)	♒	1979	(07:01)	♑	2006		♐
1926	(03:54)	♋	1953		♊	1980	(07:27)	♊	2007	(13:18)	♉
1927		♏	1954	(19:13)	♏	1981		♎	2009	(04:11)	♒
1928		♓	1955	(19:10)	♓	1982		♒	2010		♊
1929		♌	1956	(19:10)	♌	1983	(22:10)	♋	**23.11.**		
1930	(22:42)	♑	1957		♐	1984	(22:34)	♐	1922	(16:36)	♒
1931	(17:00)	♉	1958		♈	1985	(01:42)	♈	1923	(13:32)	♊
1932		♍	1959		♌	1986	(02:25)	♌	1926		♋
1933	(02:21)	♒	1960		♑	1987		♐	1927		♏
1934		♊	1961	(10:59)	♊	1988		♉	1930		♑
1935		♎	1962		♎	1989	(21:25)	♎	1931		♉
1936	(03:04)	♓	1963		♒	1990	(22:07)	♒	1934	(17:25)	♋
1937	(16:55)	♌	1964		♋	1991	(01:22)	♊	1935	(12:36)	♏
1938	(02:56)	♐	1965		♏	1992	(01:52)	♏	1938		♐
1939		♈	1966	(19:31)	♈	1993		♓	1939		♈
1940	(17:11)	♍	1967	(14:47)	♌	1994		♉	1943		♎
1941		♑	1968	(11:20)	♉	1995	(16:56)	♐	1947	(13:53)	♈
1942	(21:35)	♊	1969		♉	1996	(17:12)	♉	1951		♍
1943	(18:19)	♎	1970		♍	1997	(01:33)	♍	1955		♓
1944		♒	1971		♑	1998		♑	1959	(13:08)	♍
1945		♋	1972		♊	1999		♉	1963		♒
1946		♏	1973	(06:06)	♏	2000		♎	1967		♌
1947		♓	1974	(01:11)	♓	2001	(22:52)	♓	1971	(06:52)	♒

Wie Sie mehr über Ihr Horoskop erfahren können

Der Unterschied zwischen dem, was ein Buch über Tierkreiszeichen an individueller Deutung leisten kann, und der Interpretation Ihres persönlichen Horoskops ist wesentlich größer als der zwischen einem Anzug von der Stange und einem maßgefertigten Kleidungsstück.

Wenn Sie mehr darüber erfahren wollen, was die Gestirne über Ihr individuelles Schicksal aussagen, benötigen Sie zunächst einmal ein genau berechnetes Horoskop. Wer einen Computer hat oder jemanden kennt, der einen besitzt, hat es leicht: Es gibt eine Vielzahl von Astrologieprogrammen, die für jeden Geschmack und jeden Geldbeutel etwas bieten. Wenn Sie bereits einen Horoskopausdruck haben, können Sie sich mit Hilfe astrologischer Lehrbücher an eine genauere Interpretation herantasten. Es existieren außerdem Astrologieschulen, die Sie in der Horoskopdeutung unterrichten können. Schließlich gibt es Firmen, die Horoskopberechnungen und Computerdeutungen anbieten.

Astrologieprogramme

Leider ist auch in der Astrologie nicht alles Gold, was glänzt. Neben seriösen Astrologen, die Ihnen eine echte Lebenshilfe geben können, tummeln sich auf dem Gebiet auch viele Scharlatane. Das gleiche gilt sinngemäß natürlich für Bücher, Computerprogramme und Deutungen.

Vorsicht vor Scharlatanen

Wenn Sie in dieser Hinsicht Hilfestellung und unverbindliche Informationen wünschen, können Sie sich gern direkt an den Autor wenden. Die Adresse finden Sie auf Seite 8.

Bitte legen Sie einen adressierten DIN-A4-Um-
schlag und DM 5,– in Briefmarken bei, und
verwenden Sie das *Stichwort »Astro-Info«*. Sie
erhalten dann eine umfangreiche Liste mit
unseren persönlichen Empfehlungen zu allen
Bereichen der Astrologie. Ihre Adresse wird
von uns nicht gespeichert und auch nicht an
andere weitergegeben.

Wenn Sie eine schriftliche Horoskopdeutung nach der Methode des Autors möchten,
ohne daß Sie sich selbst mit Computerberech-
nungen auseinandersetzen müssen, können
Sie hierzu kostenlos und unverbindlich Informationsmaterial unter der Adresse des Autors
anfordern *(Stichwort »Querverbindungen«)*.

Die Deutung und Bedeutung des Aszendenten

Wie bereits im Einleitungskapitel dargestellt, besteht ein Horoskop aus vielen verschiedenen Deutungselementen, von denen das Tierkreiszeichen zwar das bekannteste, aber eben nur eines von vielen ist. Das Tierkreiszeichen eines Menschen ist wie gesagt nichts anderes als die Position der Sonne im Tierkreis (= Zodiakus) zum Zeitpunkt der Geburt. Da unser Kalender ebenfalls mit dem Sonnenlauf – von der Erde aus gesehen – korrespondiert, läßt sich anhand des Geburtsdatums recht genau bestimmen, welches Tierkreiszeichen zu einem gehört. Dies ist sicherlich der Hauptgrund, warum die Sonnenzeichen so populär wurden.

*Sonnen-
zeichen*

Der wohl wichtigste Einzelfaktor für ein wirklich persönliches Horoskop ist aber der Aszendent. Der Begriff kommt von dem lateinischen Wort *ascendere,* was soviel wie »aufsteigen« bedeutet. Mit dem Aszendenten ist der Abschnitt des Zodiakus gemeint, der im Augenblick der Geburt in östlicher Richtung am Horizont aufgeht. Der Aszendent ist außerdem identisch mit der Spitze – also dem Anfang – des ersten Hauses. Da der Aszendent etwa alle vier Minuten seine Position ändert, müssen Geburtsort und die genaue Geburtszeit bekannt sein, um ihn bestimmen zu können. Wenn Sie Ihre Geburtszeit kennen, steht der Berechnung des Aszendenten nichts im Wege. Falls sie Ihnen nicht bekannt ist, können Sie sie wie gesagt beim Standesamt Ihres Geburtsortes erfahren. Bei den meisten Standesämtern wird eine schriftliche Anfrage mit frankiertem Rückumschlag umge-

Geburtsort

hend bearbeitet, manche verlangen allerdings eine Gebühr. Telefonisch erhalten Sie wegen des Datenschutzes nur selten Auskunft.

Im nachfolgenden Abschnitt wird beschrieben, wie Sie den Aszendenten einfach feststellen können. Dank eines neuen Verfahrens ist dies erstmals ohne komplizierte Berechnungen und absolut zuverlässig möglich.

Wie ist der Aszendent zu deuten? Vereinfacht gesagt, gibt der Aszendent Auskunft darüber, wer wir sind, während das Sonnenzeichen beschreibt, wie wir uns verhalten. Wenn wir den Menschen mit einem Auto vergleichen, dann würde der Aszendent uns verraten, um was für ein Gefährt es sich handelt, während das Tierkreiszeichen – also die Position der Sonne – uns Aufschluß darüber gibt, wie es behandelt und gefahren wird. Dies zeigt auch schon, daß die oft gestellte Frage, was denn nun wichtiger sei, der Aszendent oder das Tierkreiszeichen, im Grunde unsinnig ist. Handeln *Körper-* (Sonne) setzt Körperlichkeit (Aszendent) vor- *lichkeit* aus. Eine Veranlagung (Aszendent), die nicht gelebt wird (Sonne), ist bedeutungslos.

Wie können Sie nun Näheres zur Interpretation Ihres Aszendenten erfahren? Hier gibt es mehrere Wege. Der einfachste ist natürlich, sich ein spezielles Buch zu diesem Thema zu besorgen und unter dem entsprechenden Kapitel nachzuschlagen. Vielleicht kennen Sie auch jemanden, der sich intensiver mit Astrologie beschäftigt und Ihnen persönlich Auskünfte über die Bedeutung Ihres Aszendenten und Ihres Sonnenzeichens geben kann. Falls Sie ein Tierkreiszeichen-Buch (zum Beispiel aus dieser Reihe) Ihres Aszendenten-Zeichens besitzen, können Sie auch das lesen und dabei im Hinterkopf behalten, daß es sich hier weniger um Ihr tatsächliches Verhalten, sondern um Ihre Charakteranlagen handelt. Da sich allerdings unsere Anlagen und unser Verhalten ständig wechselseitig beeinflussen, erzielen Sie schon gute Ergebnisse, wenn Sie sich selbst einfach als eine »Mischung« beider Zeichen betrachten.

Charakter-anlagen

Falls Sie feststellen sollten, daß bei Ihnen Sonne und Aszendent im gleichen Tierkreiszeichen stehen, müssen Sie natürlich kein weiteres Buch zu Rate ziehen. Für Sie sollten dann die in diesem Band gemachten Aussagen in besonderem Maße zutreffen.

Die Bestimmung des Aszendenten

Die Verwendung der nachfolgenden Aszendentengrafik ist denkbar einfach: Die Skala am linken Rand (C) gibt das Datum an, die Skala am rechten Rand (A) die Uhrzeit. Markieren Sie Ihr Geburtsdatum und Ihre Geburtszeit, nehmen Sie ein Lineal und verbinden Sie beides mit einem Strich – fertig! Das Tierkreiszeichen (B) in der Mitte der Grafik, das von Ihrer Linie gekreuzt wird, ist Ihr Aszendent.

Wichtige Hinweise: Die Grafik bezieht sich auf mitteleuropäische Zeit. Falls bei Ihrer Geburt die Sommerzeit galt, müssen Sie eine Stunde abziehen. Eine Sommerzeitentabelle finden Sie im Anhang dieses Buches. Die Aszendentengrafik funktioniert nur dann, wenn Sie in Deutschland geboren sind. Ohne eine wirklich genaue Geburtszeitangabe ist kein zuverlässiges Ergebnis zu erzielen.

18 19 20 21 22 23 24/0 1 2 3 4 5 6 7 8 9 10 11 12 13 14 15 16 17 18

◄ A

| Löwe | Jungfrau | Waage | Skorpion | Schütze | Steinbock | Wassermann | Fische | Widder | Stier | Zwilling | Krebs | Löwe | Jungfrau | Waage | Skorpion | Schütze | Steinbock | Wassermann | Fische | Widder | Stier | Zwilling | Krebs |

◄ B

◄ C

Januar | Februar | März | April | Mai | Juni | Juli | August | September | Oktober | November | Dezember